Jimmy Rolando Molina Ríos
Ronald Christopher Elizalde López
Salviano Vicente Núñez Apolo

Métricas de Calidad

Jimmy Rolando Molina Ríos
Ronald Christopher Elizalde López
Salviano Vicente Núñez Apolo

Métricas de Calidad

ISO/IEC 9126 - ISO/IEC 25000 - ISO/IEC 14598

Editorial Académica Española

Imprint
Any brand names and product names mentioned in this book are subject to trademark, brand or patent protection and are trademarks or registered trademarks of their respective holders. The use of brand names, product names, common names, trade names, product descriptions etc. even without a particular marking in this work is in no way to be construed to mean that such names may be regarded as unrestricted in respect of trademark and brand protection legislation and could thus be used by anyone.

Cover image: www.ingimage.com

Publisher:
Editorial Académica Española
is a trademark of
Dodo Books Indian Ocean Ltd. and OmniScriptum S.R.L publishing group

120 High Road, East Finchley, London, N2 9ED, United Kingdom
Str. Armeneasca 28/1, office 1, Chisinau MD-2012, Republic of Moldova, Europe
Printed at: see last page
ISBN: 978-613-9-44044-3

METRICAS DE CALIDAD
ISO/IEC 9126
ISO/IEC 25000
ISO/IEC 14598

AUTORES

Jimmy Rolando Molina Ríos, Ph.D. en TIC
Ronal Christopher Elizalde López, Ing. Marketing – Ing. Sistemas.
Salviano Vicente Núñez Apolo, Ing. Tecnologías de la Información.

Índice de Contenidos

Tabla de contenido

Introducción

En el desarrollo de softwares, siempre se ha proyectado a que el sistema que se está creando este a la par con los requerimientos de la persona que nos encarga los requerimientos, por ello la idea principal que con lleva a la resolución de estos requerimientos no debe ser distorsionada, para ellos se debe seguir las normas que se han creado para así obtener los mejores resultados posibles, dichas normas están implementadas `por las ISO/IEC, en esta ISO, se establece las normas de evaluación de calidad, las mismas, que a lo largo de esta investigación hemos tomado las normas ISO/IEC 9126, 14598, 25000, estas normas o ISO, se los conoce también como métricas la cual evalúan el proceso de desarrollo del software, dicho proceso es evaluado de distinta manera según la norma que apliquemos, dicha métrica escogida tendrá sub-procesos y reglas a seguir, por ejemplo, si se evalúa un módulo en cualquier parte del sistema los datos obtenidos servirán para la modificación del software en caso de que estos datos no se apeguen a la idea principal de los requisitos obtenidos al inicio, algunas métricas también dan a conocer los resultados de evaluación de cada módulo o parte del software a la persona que dio el problema como es el usuario o cliente, para así lograr minimizar los errores que se presentan y poder cambiarlos a tiempo, logrando evitar molestias al final, en la entrega del software, con este fin se han desarrollado las métricas de la evaluación de calidad, logrando obtener los mejores resultados del software hasta la misma instalación en la máquina en donde va a tener su vida útil como sistema.

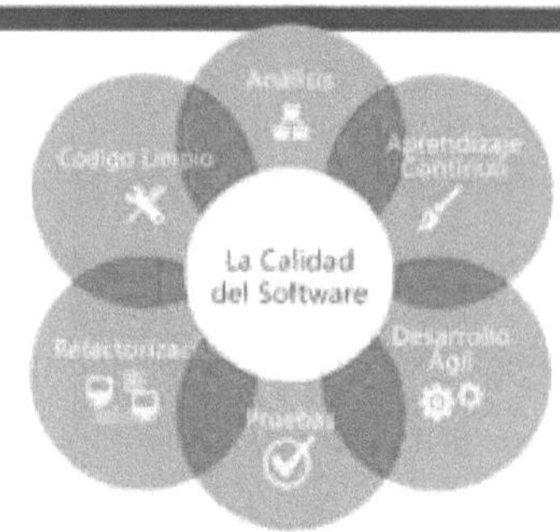

Métricas ISO/IEC 9126.

Competencias

Define conceptos de las métricas ISO 9126

Reconoce las características para medir la calidad

Identifica las subcaracterísticas empleadas en cada característica de calidad.

Cuando haya leído esta unidad los **resultados de aprendizaje**:

Identificar los aspectos de calidad en la norma ISO 9126

Identificar, clasificar y describir las características principales de evaluación de calidad.

Contenidos

1.1 Modelo de Calidad

1.2 Métricas Externas

1.3 Métricas Internas

1.4 Métricas de calidad de uso

La norma ISO 9126 logra definir varias características de calidad, las cuales son factores de calidad, criterios y métricas. Los factores de calidad permiten la especificación, es decir, la vista del software desde el punto de vista de los usuarios, vista externa; los criterios, que permiten la construcción, es decir, la vista del software desde el punto de vista del desarrollador, vista interna; y finalmente las métricas, que son las que permiten el control, empleadas para proveer el método para la realización de la evaluación.

1 MÉTRICAS ISO/IEC 9126: CALIDAD DEL PRODUCTO

Las métricas ISO 9126, son normas internacionales, las cuales brindan las características a considerar para lograr la evaluación de la calidad del software, referente al usuario, es decir al operador del sistema.

Con el pasar del tiempo el estándar de la métrica ISO 9126 ha ido evolucionando, contando en la actualidad con cuatro secciones principales y en las cuales se basa esta norma. Dentro de estas se estipulan características que cada uno define con la finalidad de proporcionar una evaluación segura y eficiente del software. Las secciones en las que se clasifica esta métrica son: el modelo de calidad, en el cual se presentan 6 características para la medición junto con las sub-características a las que hacen enfoque, ésta se denomina ISO/IEC 9126-1; las métricas externas son las características que permiten medir e comportamiento general del software ante los usuarios finales dentro del ámbito del software en el que se encuentra establecido, ésta se denomina ISO/IEC 9126-2; las métricas internas son las características propias del software a ser evaluado, son métricas estáticas, ésta se denomina ISO/IEC 9126-3; y finalmente el modelo de calidad en uso, este modelo generalmente empleado para la evaluación de la calidad del desarrollo de software se basa fundamentalmente en 4 factores importantes los cuales son efectividad, productividad, seguridad y satisfacción [1], ésta se denomina ISO/IEC 9126-4.

Estas métricas fueron diseñadas para la especificación y evaluación de la calidad de un determinado software, incluyendo en su evaluación la revisión de características fundamentales y básicas para la correcta ejecución del software, y el óptimo funcionamiento ante el usuario final, para satisfacer las necesidades requeridas por el cliente.

1.1 Modelo de Calidad

Para lograr evaluar la calidad del software de manera eficaz y óptima, se establecen modelos, los cuales son series de características o fases a implementar, con las cuales se logra apreciar de manera completa la funcionalidad, la garantía y la seguridad de la satisfacción del cliente por parte del software. El modelo calidad es simplemente un estándar el cual rige la evaluación del software.

Para ello se realiza la debida caracterización de las propiedades del software, en la cual dentro de la norma ISO/IEC 9126 son fundamentales seis características, las cuales son: funcionalidad, fiabilidad, usabilidad, eficiencia, mantenibilidad, y portabilidad. Cada una de estas características poseen sub-características de evaluación, para la verificación y aseguramiento de la calidad.

Para lograr la revisión y especificación adecuada del sistema informático, se contemplan niveles dentro de la calidad, 3 niveles que ayudan a evaluar de manera eficiente el software, estas son, las características, su características y atributos, los cuales son las entidades que son capaces de ser verificadas dentro del producto de software.

Cabe recalcar que las características y sub-características dentro del sistema son fijos, es decir ya existen delimitados dentro de la norma para lograr una evaluación correcta. Mediante la evaluación o seguimiento de estas características y sub-características.

Las métricas para la evaluación de la calidad pueden orientarse a la persona también, es decir, se facilita la manera en como la gente desarrolló el software, los procesos que desarrollo, la efectividad de las herramientas y los métodos utilizados para el mismo. Esta evaluación es subjetiva, es decir, depende de la percepción de las personas ante el software desarrollado, y pueden ser cuantitativas o cualitativas.

1.1.1 Calidad del Software

La calidad del software se basa en la mezcla de factores de evaluación que dentro del sistema pueden llegar a afectar, para que se produzca un software de calidad. Estos factores pueden considerarse como internos o externos, lo que se considera y valora es que el resultado final satisfaga al cliente y logre solucionar los problemas por lo que se desarrolló el proyecto.

Los conceptos de calidad de software son propiciados principalmente por las normas ISO, las cuales se encargan de evaluar tanto la calidad como el producto del software.

Una definición establecida por la norma ISO 8402, menciona que "la calidad es el conjunto de propiedades y características de un producto o servicio que le confieren su aptitud para satisfacer unas necesidades explicitas o implícitas." [2]

Conforme lo anterior, se puede mencionar que la calidad dentro del producto de software se considera como la evaluación de las características o funciones que logren satisfacer los propósitos u objetivos por los cuales el software fue desarrollado, brindando de esta manera un resultado óptimo y eficiente al cliente o usuario.

Varias definiciones de calidad son vinculadas a la ingeniería de software, conforme evolucionan las métricas, se incrementan y amplían los diversos conceptos sobre la calidad dentro del software. Estas definiciones fueron variando, teniendo como idea principal el mismo enfoque que los conceptos de las métricas pasadas, así la calidad del software se llegó a considerar como "el grado con el que un sistema, componente o proceso cumple los requerimientos especificados y las necesidades o expectativas del cliente o usuario." [2]

Es decir, se toma en cuenta a la calidad como una categoría o nivel, mediante el cual el sistema o algún producto logra cumplir con los objetivos planteados durante la especificación de requisitos y planificación del proyecto, además de satisfacer las necesidades que requiera tanto el cliente, quien es el que solicitó el software; como del o los usuarios finales, quienes son los que interactuarán constantemente con el sistema, realizando ingresos, transacciones, operaciones, entre otros.

Cabe recalcar, que no solo las normas o métricas definen conceptos de calidad, varios autores como Pressman [3] y Sommerville [4] conceptualizan a la calidad dentro de la ingeniería de software como "la concordancia con los requisitos funcionales y de rendimientos explícitamente establecidos, estándares de desarrollo explícitamente documentados y características implícitas que se espera de todo software desarrollado profesionalmente." [3] Además, consideran la evaluación de la calidad de software como un proceso complejo, el cual requiere el seguimiento de una serie de pasos fundamentales para un correcto desarrollo del software, tomando en cuenta la conceptualización anterior, se menciona que la medición de calidad es aplicable a cualquier producto, en términos generales, pero, para la realización dentro de un sistema informático, es necesario considerar características diversas y complejas en comparación a los productos fuera de este ámbito.

1.1.2 Características.

La norma ISO/IEC 9126 dentro del primer modelo, el cual es el modelo de calidad posee ciertas características las cuales ayudan a evaluar al software. Las características en las cuales se encuentra dividida este modelo constan de 6 aspectos, dentro de las cuales se encuentras otras sub-características. Esto se da debido a que las características generales o principales son muy complejas para evaluar, es decir no poseen indicadores necesarios ni guías con las cuales los desarrolladores o evaluadores puedan realizar la revisión de la calidad del producto.

Entonces, empleando las sub-características las cuales representan indicadores de la evaluación, se logra obtener una revisión de la calidad completa y optima del producto, debido a que estos representan aspectos medibles, además de dar las pautas necesarias para realizar el procedimiento de evaluación.

Según Ruiz, Peña & Castro [5] las características por las cuales se categoriza la calidad del software está vinculada estrechamente con el criterio de usabilidad, esta se dividen en seis, las cuales son:

- Funcionalidad.
- Confiabilidad.
- Usabilidad.
- Eficiencia.
- Facilidad de Mantenimiento.
- Portabilidad.

Cada una de ellas, representa un aspecto fundamental para la evaluación de la calidad de un producto de software, pero a su vez son muy complejos de medir, ya que son generales, es decir, la forma en que se logre medir cada característica es amplia. Para ello, es necesario sub-dividir a cada una de estas características en sub-características, con las cuales el proceso de evaluación de calidad sea sencillo, rápido y sobre todo eficiente.

A continuación, se describen cada una de las características junto con las sub-características para la medición.

1.1.3 Funcionalidad

La funcionalidad abarca la capacidad que posee un producto o un sistema para ejecutar funcionales o propiedades las cuales satisfagan las necesidades y solucionen los problemas del cliente y usuario [5]. Estas funcionalidades deben estar establecidas en la planificaciones y estipulación del alcance del sistema, a más de incluir todas estas operaciones de manera interna en el sistema a realizar.

Estas funcionalidades deben lograr solucionar los problemas o inconvenientes que posea el usuario ante el sistema en condiciones específicas.

La funcionalidad simplemente hace enfoque a la "capacidad que posee el software de proveer los servicios necesarios para cumplir con los requisitos funcionales." [6]

Es decir, asegura que el software cumpla con el o los objetivos planteados, estas funcionalidades suministradas dentro del sistema deben abastecer y cubrir las necesidades, requisitos, y objetivos que se plantearon dentro de la propuesta del proyecto, estas deben ser de manera implícitas o explícitas de los usuarios.

Este grupo se compone por atributos o también denominados características, las cuales permiten calificar el software como un producto de manera que cumpla con los requisitos y satisfaga las necesidades para las cuales fue diseñado y desarrollado.

Para lograr cumplir con una evaluación de calidad de manera correcta y pertinente, se requiere evaluar las siguientes sub-características [7]:

- **Adecuación:** Esta sub-característica se enfoca en la evaluación de las funciones y tareas que respaldan al software. Busca evaluar si las funciones y operaciones que realiza el sistema para la gestión de los requerimientos correspondientes, cumplen con las tareas que fueron establecidas durante la planificación.

  Es decir, valora si las operaciones que realiza el sistema son las más apropiadas y sobre todo si cumplen con las tareas que debe realizar.

- **Exactitud:** Dentro de este atributo se estipula si los resultados de las ejecuciones del sistema son acordes a las necesidades que se el usuario desea satisfacer. Mediante el mismo, se logra evaluar la precisión de las respuestas del producto, y si estas son o no las más adecuadas para su resolución.

- **Interoperabilidad:** Esta característica permite evaluar la interacción del sistema con otros sistemas especificados con anterioridad. Interoperabilidad significa que el sistema puede relacionar y crear interacciones con otros sistemas de manera independiente, es decir sistemas ajenos al desarrollado.

- **Conformidad:** Dentro de este atributo se evalúa si el producto desarrollado cumple con los requisitos planteados y brinda conformidad y seguridad al cliente.

- **Seguridad:** En este punto se evalúa la seguridad y protección de los datos dentro del sistema, es decir, la capacidad que posee el software para lograr proteger la información, para mantenerla segura ante personas no autorizadas al ingreso, modificación o eliminación de la información.

Gracias a los aspectos mencionados se permite evaluar la funcionalidad del sistema, es importante tenerlos en cuenta, ya que estos atributos son medibles en comparación con una evaluación de funcionabilidad en general.

1.1.4 Confiabilidad

La confiabilidad se describe como la capacidad que posee el producto de software [8] para mantener su nivel de rendimiento de manera correcta, durante un periodo de tiempo establecido. Mediante la misma, se establecen si el programa logra mantenerse estable durante su ejecución, sin errores ni fallos que retrasen o hagan caer el sistema.

Esta característica es conocida también como fiabilidad, y tiene una gran relación con el usuario y la interacción con el sistema. Los resultados favorables a esta evaluación deben ser visibles y lograr mantener el funcionamiento correcto del software para las solicitudes respectivas que realiza el usuario durante un tiempo establecido y sobre todo bajo condiciones específicas.

Para lograr cumplir correctamente el propósito de la evaluación de la confiabilidad de un software se establecen sub-características medibles, sobre todo, las cuales permiten una evaluación optima del producto desarrollado. Estas características o también conocidas como atributos son [5]:

- **Nivel de madurez:** Dentro de este se encuentran los atributos que poseen cierta relación con las fallas del sistema. Se puede definir a madurez dentro del entorno de la Ingeniería de Software, como la capacidad para prevenir las fallas del sistema cuando se encuentra algún error.

  Algunos de los ejemplos para un mejor entendimiento sobre madurez de un producto de software, se encuentran los mensajes de advertencia para el usuario, al momento de que este realiza una operación en el software la cual podría generar errores.

  En ciertos casos se considera también que el nivel de madurez "permite medir la frecuencia de falla por errores en el software." [7]

- **Tolerancia a fallas:** Este atributo de software, se encuentra en una estrecha relación con la habilidad del mismo para lograr un nivel específico de desempeño en situaciones en las que se puedan presentar fallos en el software.

  Es fundamental determinar y evaluar este atributo, debido a que el sistema debe mantener siempre el rendimiento y funcionamiento, sin importar la situación en la que se presente, pero principalmente mantener el sistema estable en caso de errores.

  La tolerancia a fallos se puede definir como "la habilidad de mantener un nivel específico de funcionamiento en caso de fallas del software o de cometer infracciones de su interfaz específica." [7]

- **Recuperabilidad:** Esta sub-característica específica y valida que el sistema logre restaurar los datos que se consideraban perdidos o eliminados. Esto suele suceder después de un fallo o alteración que viole los parámetros de integridad de las clases diseñada en las aplicaciones.

  Se lo puede llegar a considerar como "la capacidad de restablecer el nivel de operación y recobrar los datos que hayan sido afectados directamente por una falla, así como al tiempo y el esfuerzo necesarios para lograrlo" [7]. Es decir, la capacidad que posee el sistema para recuperarse ya sea por fallas en su ejecución o por pérdida en la información.

- **Cumplimiento con la confiabilidad:** éste último solo se emplea para verificar que el software cumpla con los atributos relacionados a la fiabilidad, es decir, la capacidad para aplicar las normas, legislaciones, entre otras, relacionadas a la fiabilidad.

Los atributos anteriormente establecidos evalúan el producto de software, para determinar si garantiza un buen manejo de errores o fallas dentro del mismo ante cualquier situación. Para ello se debe considerar varios aspectos, incluidos la consideración y prevención de los mismos mediante el diseño del sistema, y la correcta gestión de estos errores, es decir, como manejar los errores en caso de que ocurran.

1.1.5 Usabilidad

La usabilidad consiste en capacidad que posee el software para ser entendido, aprendido y sobre todo la facilidad que posee de ser usado.

Dentro del mismo los criterios de funcionalidad, fiabilidad y eficiencia interfieren y se emplean para lograr una correcta evaluación de la calidad del producto de software.

La usabilidad de la aplicación debe ser compatible con la adquisición de nuevos procedimientos de conocimiento para lograr una correcta ejecución de la aplicación [9]. Las inspecciones de usabilidad consisten en una serie de métodos de análisis y recolección de datos. El principal objetivo es analizar los diferentes aspectos de la aplicación para incorporar los diseños de interfaz de usuario más adecuados.

La usabilidad solo puede ser evaluada mediante la interacción de los usuarios y el sistema, es decir es una evaluación que se enfoca en el usuario final, indicando la facilidad que posea este para manipular el software, la facilidad que tenga para entender los procesos, la interfaz y los resultados que genera.

Según Ruiz, Peña & Castro considera que la usabilidad es "la capacidad que tiene un producto de software para ser entendible, aprendido, utilizable y atractivo al usuario cuando éste es usado en condiciones específicas." [5]

Conforme evolucionan las normas de evaluación de calidad, las características que implica la evaluación del producto se encuentras la facilidad de uso del producto, la facilidad de aprender el producto, la facilidad de hacer una determinada tarea, facilidad para instalar el producto, la facilidad para encontrar información en el manual, facilidad de comprender la información, y finalmente la utilización de los ejemplos de ayuda.

Mediante la caracterización, de la usabilidad se logra medir el grado en el cual el sistema es óptimo para el uso y gestión del mismo por los usuarios finales, se puede considerar como el "conjunto de atributos que se relacionan con el esfuerzo necesario para el uso y la evaluación individual de dicho uso por parte de un conjunto establecido o implícito de usuarios." [1]

De igual forma que las características anteriores, la usabilidad posee sub-características las cuales son dirigidas hacia el usuario:

- **Facilidad de comprensión:** Este atributo hace referencia al esfuerzo que se requiere por parte del usuario final para el reconocimiento de la estructura lógica del software. Dentro del mismo se establecen pautas para lograr un fácil entendimiento del funcionamiento del sistema, y como se utilizado para las tareas y ciertas condiciones que presenta la aplicación, además, de ser fundamental la documentación y las guías de ayudas que se generan con el programa. En otras palabras, la facilidad de comprensión, indica que tan fácil es para el usuario aprender las funcionalidades y operaciones del sistema, incluyendo los conceptos lógicos y las aplicaciones de los mismos.

- **Facilidad de aprendizaje:** Dentro de este atributo se establecen campos para evaluar al producto en conformidad con la capacidad de ser entendido por parte de los usuarios. En la facilidad de aprendizaje es fundamental tener en cuenta que los sistemas deben ser intuitivos tanto en su funcionamiento como en su interfaz, de manera que el usuario no tenga mayor complejidad al momento de intentar gestionar alguna operación dentro del sistema.

- **Operatividad:** O también conocido como operabilidad, y se define como la forma en que el software permite al usuario operarlo y manipularlo. El software es fundamental que sea, fácil de manipular, de forma que el usuario logre realizar las operaciones que ese de manera rápida, sencilla y eficiente.

Para la medición de la usabilidad de un sistema se establecen 3 atributos principales [10]:

- **Efectividad**: Esta se define como la precisión y exactitud que posee la aplicación para que el usuario obtenga los objetivos que se especifican en la aplicación. En este se incluye la facilidad de entendimiento y aprendizaje por parte del usuario.

- **Eficiencia**: Esta se define como los recursos empleados para lograr obtener los objetivos especificados con precisión e integridad.

- **Satisfacción**: Se evalúa la comodidad que la aplicación le brinde al usuario final, se considera la aceptación por parte los usuarios hacia la aplicación.

1.1.6 Eficiencia

Esta característica permite la evaluación del software en base al funcionamiento del mismo y de la cantidad de recursos empleados durante su proceso de desarrollo. Se logra definir a la eficiencia como la capacidad de un producto de software para lograr que el software tenga un desempeño apropiado, este tiene una relación fundamental con la cantidad de recursos que son empleados para crear el sistema, bajo condiciones determinadas.

La eficiencia en términos generales se logra definir como la habilidad, capacidad o propiedad que se posee para obtener un resultado óptimo y favorable, comparando la funcionalidad del mismo y los recursos que se emplean durante su ejecución.

Este es un atributo fundamental dentro de la evaluación del producto de software, tanto para un mejor funcionamiento como para un óptimo desarrollo. Lo que se busca mediante la eficiencia es desarrollar un software que realice de manera directa las operaciones para lo cual fue diseñado, y que se emplee la menor cantidad de recursos durante el proceso de desarrollo.

"La eficiencia del software es la forma del desempeño adecuado, de acuerdo al número recursos utilizados según las condiciones planteadas. Se debe tener en cuenta otros aspectos como la configuración de hardware, el sistema operativo, entre otros." [8]

Puede ser determinado como el grado que emplea el software para realiza sus funciones de manera óptima, y de igual forma hace un uso específico y óptimo de los recursos del sistema.

De igual forma se establecen características para lograr medir la eficiencia de un producto de software, debido a que no es posible evaluarlo de manera general, estas son:

- **Tiempo de uso:** En este atributo se establece el comportamiento con respecto al tiempo que se emplea para realizar una operación en específico. "Atributos del software relativos a los tiempos de respuesta y de procesamiento de los datos." [7] Esta sub-característica es importante debido a que se estipulan los tiempos de respuesta que posee el sistema desarrollado, además se analizan y evalúan los procesamientos de datos, que requieren las operaciones que se realizan dentro del producto, evaluando la eficiencia y si el tiempo de respuesta de las operaciones realizadas es el correcto y es eficiente.

  Un ejemplo claro de la evaluación del tiempo de uso, es la determinación del tiempo de respuesta del sistema a una funcionalidad solicitada por el usuario final, además de analizar la cantidad de código empleado para realizar el proceso que se desea.

- **Recursos utilizados:** esta característica se enfoca al comportamiento con respectos a los recursos empleados durante el proceso de desarrollo del software. "Atributos del software relativos a la cantidad de recursos usados y la duración de su uso en la realización de sus funciones." [7] Esta sub-característica es importante debido a que brinda mayor control y aseguramiento sobre el proceso de desarrollo, y la forma en que el sistema se desarrollara en las condiciones solicitadas. En esta parte, no solo se evalúa la cantidad de recursos que se han empleado, también se evalúa la duración que van a tener dichos recursos dentro del proyecto, al momento de realizar alguna función principal del sistema.

También se puede considerar como uno de sus atributos o características, a la conformidad de eficiencia.

- **Conformidad de eficiencia:** Dentro de este atributo se representa la capacidad que posee el software para cumplir con los estándares y con las normas que son relacionadas a la eficiencia en general. En este punto, se evalúa que los productos de software cumplan correctamente con todos los requerimientos que poseen los sistemas en base a la efectividad que brindan los sistemas al emplear de manera óptima los recursos y cumplir de manera rápida con las funciones que el sistema debe cumplir.

1.1.7 Facilidad de Mantenimiento

Esta característica hace referencia a los atributos que permiten medir el esfuerzo que es necesario para el desarrollar y de esta forma realizar las modificaciones al sistema, ya sea debido a la corrección de errores o en ciertas ocasiones por el incremento de los requerimientos del sistema.

"La capacidad de mantenimiento es la cualidad que tiene el software para ser modificado. Incluyendo correcciones o mejoras del software, a cambios en el entorno, y especificaciones de requerimientos funcionales." [8]

Dentro de este punto se logra representar modificaciones o la facilidad que posee el software para realizarlas. Existen varios factores que afectan el uso o evaluación del mismo, y que requieren ciertas modificaciones en el software. Entre estas se tiene, que el software una vez realizado deba ser corregido, debido a que presenta errores durante el proceso de ejecución, este puede ser, por ejemplo, una falla en la validación de los campos, una falla para la comunicación con la base de datos, o que los cálculos internos realizados no sean los adecuados.

Otra circunstancia en la cual un software debe ser modificado, es cuando se presenta una modificación en los requerimientos, esta puede ser para agregar algún requerimiento o simplemente para mejorar, modificar, o eliminar algún campo o requerimiento del sistema. Este se presta cuando el cliente decide implementar nuevas funcionalidades al sistema o simplemente desea realizar alguna otra acción, como modificarlo, eliminarlo o en ciertos casos mejorarlo.

Finalmente, otra circunstancia que se presenta, es el mejoramiento del software, este suele presentarse principalmente en aplicaciones móviles y web. Este caso se presenta cuando se desea crear una actualización del sistema, una nueva versión o implementar alguna nueva funcionalidad al mismo. Ejemplos de estos casos se presentan en aplicaciones móviles, las cuales deben estar constantemente mejorando, incrementando sus funciones para lograr llamar la atención del cliente.

La facilidad de mantenimiento es fundamental debido a que mediante este se logran realizar las mejoras y modificaciones al sistema, sin la necesidad de crear el mismo desde el comienzo. Una estructura y codificación limpia, y entendible son los puntos principales que permiten aumentar una operación a un sistema ya existente, caso contrario se generarían varios problemas incluidos, la demora en el tiempo de desarrollo, y la confusión y aparición de posibles errores.

Los cambios que se deseen realizar pueden ser de una pequeña magnitud o de una gran magnitud, esto dependerá de lo que se desee modificar. En este punto es posible modificar desde la interfaz de usuario, la ubicación de botones, el diseño del mismo, o simplemente porque no sean atractivas al cliente; también es posible modificar la parte estructural o funcional del sistema, es decir realizar un cambio en los procesos que realiza.

Este presenta las siguientes sub-características para lograr una perfecta evaluación de mantenibilidad dentro del producto de software.

- **Capacidad de análisis:** "Relativo al esfuerzo necesario para diagnosticar las deficiencias o causas de fallas, o para identificar las partes que deberán ser modificadas." [7] Esta sub-característica especifica la forma en como el software permite ser diagnosticado, puede ser por deficiencias o causas de fallas, en este punto se consideran etapas y procesos como codificación, diseño y documentación de cambios.

  Este punto es fundamental, debido a que en el mismo se evalúan y determinan los aspectos del software para un diagnóstico de las posibles deficiencias que pueda tener, o simplemente las causas de posibles fallas que puede presentar el sistema.

  Además, se analizan las etapas, partes o procesos que pueden ser modificados dentro del sistema, y cuáles son las contingencias que se pueden presentar.

- **Capacidad de modificación:** "Mide el esfuerzo necesario para modificar aspectos del software, remover fallas o adaptar el software para que funcione en un ambiente diferente." [7]

  También conocido como capacidad de ser cambiado, y este indica la capacidad que posee el producto de software para lograr realizar una futura modificación, la cual debe ser especificada para posteriormente ser implementada.

  Debe ser analizado para que el programador o la persona a realizar los cambios logre efectuarlos de manera rápida, simple y óptima.

- **Estabilidad:** "Permite evaluar los riesgos de efectos inesperados debidos a las modificaciones realizadas al software." [7]

  Este atributo representa las relaciones de riesgo que puede presentar los efectos de las modificaciones inesperadas. Este punto es fundamental debido a que permite mantener de forma estable el proceso de ejecución del sistema, además de representar la manera en que el software se prepara ante las modificaciones de los cambios requeridos por el cliente o por el ambiente de desarrollo.

- **Facilidad de Prueba:** "Se refiere al esfuerzo necesario para validar el software una vez que fue modificado." [7] Dentro de este atributo se especifica la manera en la que el software permite la realización de pruebas, y evaluaciones para las modificaciones que se han realizado. Esta acción debe realizarse con la condición de no poner en riesgo los datos o la información, peor aún poner en riesgo el sistema desarrollado.

Las pruebas realizadas son importantes debido a que permiten verificar si las realizaciones de pruebas dentro del sistema son fáciles y si las modificaciones realizadas no alteran la estructura del proyecto.

1.1.8 Portabilidad

Dentro de esta característica se hace referencia a la habilidad que posee el software para ser transferido o transportado de un ambiente a otro. Dentro del mismo se presenta la facilidad de implementar funciones o simplemente el sistema en general de un entorno de desarrollo a otro, sin necesidad de que se realice modificación alguna al software. Además, que, al realizar dicha transferencia de un ambiente al otro, no se pierdan datos, ni se creen errores.

Los problemas más comunes dentro del desarrollo de software, están la dificultad para ser transportados a otro entorno, este se puede evaluar en dos puntos, ser transportados de un ambiente de desarrollo a otro, o ser transportados de un lugar de instalación a otro.

En el primer caso, se debe verificar que la codificación, implementación y diseño, no interfieran o sean dependientes del entorno en el que se está desarrollando, es decir al pasar el sistema de un ambiente a otro, no genere errores ni fallas ya sean por parte del código o por parte de los recursos que se empleaban con anterioridad.

En el segundo caso, se especifica el traslado de un lugar de ejecución a otro, es decir, que la aplicación o sistema pueda ser instalado en otro ordenador sin problema alguno, y principalmente que se logre instalar sin generar errores.

Entre las características que se encuentran en la portabilidad se contiene:

- **Adaptabilidad**: La adaptabilidad hace referencia a la evaluación de la adaptación del software en diferentes ambientes, sin la necesidad de realizarle modificaciones para que se ejecute sin problemas. La adaptabilidad es una de los requerimientos principales del sistema, debido a que un software que puede ser instalado en cualquier lugar, sin variar el resultado del mismo, es más eficiente y eficaz que otros sistemas. Durante la creación del mismo se debe percatar que no se realicen dependencias con características principales de un solo ordenador, o un solo usuario.

- **Facilidad de instalación:** esta característica representa al esfuerzo necesario para la instalación del software en un determinado ambiente. En este punto se especifican la diversidad para lograr una instalación correcta del sistema, es decir, que el sistema puede ser instalado en diferentes ordenados y para diferentes usuarios, sin la necesidad de realizar modificaciones en el sistema o código para lograr que el funcionamiento del sistema no cambie.

- **Conformidad:** "Permite evaluar si el software se adhiere a estándares o convenciones relativas a portabilidad." [7] En este punto se evalúa si el software cumple con los requisitos y cualidades correspondientes para una buena portabilidad.

- **Capacidad de reemplazo:** "La capacidad que tiene el software para ser remplazado por otro software del mismo tipo, y para el mismo objetivo." [8] La capacidad de reemplazo, o también conocido como reemplazabilidad, especifica la habilidad del software para lograr implementar un reemplazo de dicho software por otro con mejoras, diseñado para el mismo tipo de sistema y para el mismo objetivo propuesto.

  Un ejemplo de esta característica se puede considerar, el momento de reemplazar una nueva aplicación, en casos generalmente de aplicaciones web o móviles, se crean nuevas versiones del mismo, en el cual simplemente se ingresan mejoras al programa, sin la necesidad de modificar datos, o cambiar radicalmente la estructura interna. El sistema debe tener la posibilidad y habilidad de modificarse o actualizarse, simplemente con la ejecución de la nueva aplicación y la migración de los datos al nuevo software el cuál puede ser de diferente proveedor o del mismo.

1.2 Métricas Externas.

Las métricas de calidad externa es el grado en el que el producto logra satisfacer las necesidades explicitas del software bajo condiciones específicas, en este punto se evalúa la finalidad y hasta que instante el producto logra satisfacer las necesidades, es medida y evaluada bajo propiedades dinámicas, considerada como métricas dinámicas, se realiza en las etapas de control de calidad del ciclo de vida del software.

Las métricas internas de un producto de software de define como los atributos de un producto o sistema que determinan la capacidad para satisfacer los problemas y necesidades que presenta el usuario de manera explícita e implícitas, esto realizado bajo condiciones específicas.

Puede ser medida y evaluada por características de los documentos del requerimiento del sistema. Esta evaluación se realiza en etapas tempranas del ciclo de vida del software, en la cual es posible medir, controlar y evaluar la calidad interna del producto de software.

"Calidad en uso es la calidad del software que el usuario final refleja, la forma como el usuario final logra realizar los procesos con satisfacción, eficiencia y exactitud.

La calidad en uso debe asegurar la prueba o revisión de todas las opciones que el usuario trabaja diariamente y los procesos que realiza esporádicamente relacionados con el mismo software." [8]

- **Seguridad**: "es la capacidad del software para cumplir con los niveles de riesgo permitidos tanto para posibles daños físicos como para posibles riesgos de datos." [8]

- **Satisfacción**: Capacidad que posee el software para satisfacer las necesidades del cliente y usuario final, además de cumplir con los requisitos y objetivos establecidos en la etapa de planificación.

- **Productividad**: "capacidad del software de permitir a los usuarios gastar la cantidad apropiada de recursos en relación a la Eficacia (Efectividad) obtenida." [8]

- **Eficacia**: Capacidad que posee el software para facilitar al usuario resultados precisos empleando la menor cantidad de recursos posible, y obteniendo el mejor resultado.

CONCEPTOS IMPORTANTES

- **Portabilidad:** Es la cualidad que posee un sistema para trasladarse de un lugar o ambiente a otro. Este posee ciertas características que deben ser tomadas en cuenta como la adaptación, la facilidad de instalación, la conformidad y la facilidad de reemplazo.

- **Mantenibilidad:** Es la capacidad que posee un sistema para ser modificado, en este aspecto se toma en cuenta las posibles modificaciones por parte de mejoras (creación de versiones), o por cambio de requisitos en las funcionalidades del software, por parte del cliente.

- **Funcionalidad:** Es la capacidad que posee un producto para cumplir con la funciones y operaciones por las cuales fue diseñado. Debe lograr solucionar las necesidades que presenta el cliente ante el uso del sistema. Esta cuenta con características como adecuación, exactitud, interoperabilidad, conformidad, y seguridad.

- **Recuperabilidad:** Es la capacidad que posee el sistema para lograr recuperar los datos e información que se ha perdido después de la acción de un fallo. Logra restablecer el nivel de ejecución y recuperar los datos deseados.

*   **Madurez:** Es la capacidad que posee el sistema para tolerar o medir la frecuencia en cuanto a los fallos que pueden existir por errores en el software. Se evalúa la capacidad para prevenir las fallas del sistema que se generan cuando se encuentra algún error.

LECTURAS COMPLEMETARIAS

Del articulo académico: "Modelo de Evaluación de Calidad de SoftwareBasado en Lógica Difusa, Aplicada a Métricas de Usabilidad de Acuerdo con la Norma ISO/IEC 9126.", de Hugo F. Arboleda Jiménez. MSc.Gustavo Alberto Ruiz, Alejandro Peña, y Carlos Arturo Castro, el cual está disponible en el siguiente enlace:

http://www.redalyc.org/html/1331/133114988005/

Desarrollar las siguientes preguntas:

1. ¿Cómo describe el estándar de la IEE a la calidad de software?

2. ¿Cuál es un aspecto fundamental en la calidad de software? ¿Por qué?

3. ¿Cuáles son las principales características de la calidad de software?

4. ¿Cuáles son las medidas subjetivas que pueden ser empleadas para el análisis de la calidad?

5. Defina la característica de facilidad de mantenimiento y especifique sus sub-características.

Del artículo "Usabilidad en Aplicaciones móviles", de Enríquez Juan Gabriel, y Casas Sandra Isabel. Disponible en el siguiente enlace:

https://dialnet.unirioja.es/descarga/articulo/5123524.pdf

Desarrollar las siguientes preguntas:

1. ¿Cuáles son los atributos considerados para medir el grado de usabilidad de una aplicación de software?

2. ¿Cuáles son las características que debe cumplir una métrica?

3. Defina la métrica de usabilidad ISO 9241-11.

4. ¿Los atributos de una aplicación pueden ser directamente medidos? ¿Por qué?

5. ¿Cuáles es la clasificación de las métricas y defina cada una de ellas?

TALLER N° 1

Completar el siguiente cuadro de las características del modelo de calidad de la norma ISO/IEC 9126 con sus respectivas sub-características.

MODELO DE CALIDAD	
Características	**Sub-características**
Funcionalidad	• ______________ • ______________ • ______________ • ______________
Confiabilidad	• ______________ • ______________ • ______________
Usabilidad	• ______________ • ______________ • ______________
Eficiencia	• ______________ • ______________
Mantenibilidad	• ______________ • ______________ • ______________ • ______________
Portabilidad	• ______________ • ______________ • ______________

TALLER N° 2 –

Mencione una situación relacionada a la vida real, la cual ejemplifique las siguientes sub-características mencionadas.

- ✓ **Característica:** Eficiencia.
- ✓ **Sub-característica:** Tiempo de uso.
- ✓ **Ejemplo:**

____

____

____

- ✓ **Característica:** Facilidad de mantenimiento.
- ✓ **Sub-característica:** Capacidad de modificación.
- ✓ **Ejemplo:**

____

____

____

- ✓ **Característica:** Portabilidad.
- ✓ **Sub-característica:** Adaptabilidad.
- ✓ **Ejemplo:**

____

____

____

TALLER N° 3 –

Relacione cada uno de los conceptos con las características que corresponda.

específica y valida que el sistema logre restaurar los datos que se consideraban perdidos o eliminados.	**Capacidad de reemplazo**
la evaluación de la adaptación del software en diferentes ambientes, sin la necesidad de realizarle modificaciones	**Tolerancia a Fallas**
Habilidad del mismo para lograr un nivel específico de desempeño en situaciones en las que se puedan presentar fallos en el software.	**Adaptabilidad**
La capacidad que tiene el software para ser remplazado por otro software del mismo tipo, y para el mismo objetivo.	**Recuperabilidad**
Capacidad para prevenir las fallas del sistema cuando se encuentra algún error.	**Nivel de madurez**

1	**FORMATO**	**SIMPLE**
	Contexto	
	Planteamiento	**¿Cuándo se habla de tolerancia a fallas para la calidad del software se hace referencia a…?**
	OPCIÓN A	La capacidad que posee el sistema para recuperarse ya sea por fallas en su ejecución o por pérdida en la información.
	OPCIÓN B	La capacidad que posee el software para ser entendido por el usuario.
	OPCIÓN C	La capacidad que posee el software para proteger la información de agentes externos.
	OPCIÓN D	La habilidad del software para lograr un nivel específico de desempeño en situaciones en las que se puedan presentar fallos.
	Respuesta Correcta	D
	Nivel	1
	Operación Cognitiva	Aplicación de Conceptos y Principios
2	**FORMATO**	**SIMPLE**
	Contexto	
	Planteamiento	**¿Cuáles sub-características pertenecen a la funcionabilidad?**
	OPCIÓN A	Nivel de madurez, Tolerancia a fallos, Recuperabilidad.
	OPCIÓN B	Adecuación, Exactitud, Interoperabilidad.
	OPCIÓN C	Tiempo de uso, Recursos utilizados.
	OPCIÓN D	Facilidad de comprensión, Facilidad de aprendizaje, Operatividad.
	Respuesta Correcta	B
	Nivel	1
	Operación Cognitiva	Aplicación de Conceptos y Principios
3	**FORMATO**	**SIMPLE**
	Contexto	
	Planteamiento	**¿La métrica de calidad de uso de satisfacción hace referencia a…?**
	OPCIÓN A	Capacidad del software para cumplir con los niveles de riesgos para los posibles daños físicos y de datos.

	OPCIÓN B	Capacidad del software para cumplir con las expectativas del usuario final.
	OPCIÓN C	Capacidad del software para permitir gastar la cantidad apropiada de recursos.
	OPCIÓN D	Capacidad de software para facilitar el cumplimiento de los objetivos con precisión.
	Respuesta Correcta	B
	Nivel	1
	Operación Cognitiva	Aplicación de Conceptos y Principios
	FORMATO	SIMPLE
	Contexto	
	Planteamiento	**¿La métrica de calidad de uso de Eficacia hace referencia a…?**
	OPCIÓN A	Capacidad del software para cumplir con los niveles de riesgos para los posibles daños físicos y de datos.
	OPCIÓN B	Capacidad del software para cumplir con las expectativas del usuario final.
	OPCIÓN C	Capacidad del software para permitir gastar la cantidad apropiada de recursos.
	OPCIÓN D	Capacidad de software para facilitar el cumplimiento de los objetivos con precisión.
	Respuesta Correcta	D
	Nivel	1
4	**Operación Cognitiva**	Aplicación de Conceptos y Principios
	FORMATO	SIMPLE
	Contexto	
	Planteamiento	**¿Cuándo se habla de nivel de madurez en la calidad del software se hace referencia a…?**
	OPCIÓN A	La capacidad que posee el sistema para recuperarse ya sea por fallas en su ejecución o por pérdida en la información.
	OPCIÓN B	La capacidad del software para prevenir las fallas del sistema cuando se encuentra algún error.
	OPCIÓN C	La capacidad que posee el software para proteger la información de agentes externos.
	OPCIÓN D	La habilidad del software para lograr un nivel específico de desempeño en situaciones en las que se puedan presentar fallos.
	Respuesta Correcta	B
	Nivel	1
5	**Operación Cognitiva**	Aplicación de Conceptos y Principios
6	**FORMATO**	**SIMPLE**

	Contexto	
	Planteamiento	**¿A qué hace referencia el siguiente concepto??** *Son las características propias del software a ser evaluado, son métricas estáticas*
	OPCIÓN A	Métricas Internas
	OPCIÓN B	Métricas Externas
	OPCIÓN C	Modelo de Calidad
	OPCIÓN D	Modelo de calidad de uso.
	Respuesta Correcta	A
	Nivel	1
	Operación Cognitiva	Aplicación de Conceptos y Principios
	FORMATO	SIMPLE
	Contexto	
	Planteamiento	**¿El modelo de calidad está compuesto por métricas externas e internas?**
	OPCIÓN A	Verdadero
	OPCIÓN B	Falso
	Respuesta Correcta	A
7		
	Nivel	1
	Operación Cognitiva	Aplicación de Conceptos y Principios
	FORMATO	SIMPLE
	Contexto	
	Planteamiento	**¿La características de mantenibilidad hace referencia a...?**
	OPCIÓN A	Los atributos que permiten medir el esfuerzo que es necesario para el desarrollar y de esta forma realizar las modificaciones al sistema.
	OPCIÓN B	La capacidad del software para prevenir las fallas del sistema cuando se encuentra algún error.
	OPCIÓN C	La capacidad que posee el software para proteger la información de agentes externos.
	OPCIÓN D	La habilidad del software para lograr un nivel específico de desempeño en situaciones en las que se puedan presentar fallos.
	Respuesta Correcta	A
	Nivel	1
8	**Operación Cognitiva**	Aplicación de Conceptos y Principios

9	**FORMATO**	SIMPLE
	Contexto	
	Planteamiento	**¿Cuál es la definición de calidad de software?**
	OPCIÓN A	A evaluación de las diferentes características o funciones que logren satisfacer los propósitos por el cual es software fue diseñado.
	OPCIÓN B	Proceso simple, el cual requiere la especificación de una serie de pasos fundamentales para un correcto desarrollo del software
	OPCIÓN C	Proceso de especificación y evaluación de la calidad de un determinado software
	OPCIÓN D	son normas internacionales, las cuales brindan las características a considerar para lograr la evaluación de la calidad del software.
	Respuesta Correcta	A
	Nivel	1
	Operación Cognitiva	Aplicación de Conceptos y Principios
10	**FORMATO**	SIMPLE
	Contexto	
	Planteamiento	**¿La calidad del software se basa en la evaluación de solo factores externos del sistema?**
	OPCIÓN A	Verdadero
	OPCIÓN B	Falso
	Respuesta Correcta	B
	Nivel	
	Operación Cognitiva	Aplicación de Conceptos y Principios

GLOSARIO (Orden alfabético)

- **Accesibilidad**: "Consideraciones tenidas en cuenta por posibles limitaciones físicas, visuales, auditivas o de otra índole de los usuarios." [11]

- **Calidad:** "grado que el software posee de una combinación deseada de atributos, esta combinación de atributos deberá ser claramente especificada." [11]

- **Errores**: "Los errores que comete el usuario al utilizar la aplicación y la gravedad de los mismos." [11]

- **Portabilidad:** "Capacidad de la aplicación de ser transferida de un entorno a otro (diferentes plataformas)." [11]

- **Seguridad**: "Capacidad para alcanzar niveles aceptables de riesgo. Disponibilidad de mecanismos que controlan y protegen la aplicación y los datos almacenados" [11]

SOLUCIONARIO (EVALUACIÓN)

1. D) La habilidad del software para lograr un nivel específico de desempeño en situaciones en las que se puedan presentar fallos.
2. B) Adecuación, Exactitud, Interoperabilidad.
3. B) Capacidad del software para cumplir con las expectativas del usuario final.
4. D) Capacidad de software para facilitar el cumplimiento de los objetivos con precisión.
5. B) La capacidad del software para prevenir las fallas del sistema cuando se encuentra algún error.
6. A) Métricas Internas
7. A) Verdadero
8. A) Los atributos que permiten medir el esfuerzo que es necesario para el desarrollar y de esta forma realizar las modificaciones al sistema.
9. A) A evaluación de las diferentes características o funciones que logren satisfacer los propósitos por el cual es software fue diseñado.
10. B) falso

étrica 25000.

Competencias

Identificar las características básicas de la Métrica 25000 dentro de lo que ˉviene en la Ingeniería de Software.

onoce los parámetros que ofrecen métricas como guía para un excelente proyecto de software.

Uso de las métricas en proyectos de Ingeniería de Software.

ndo haya leído esta unidad los **resultados de aprendizaje**:

ﹸtificar las características de la rica 25000 que se emplean en los diferentes proyectos de software.

Identificas los procesos que se dan y el eficio de la aplicación de la métrica.

Contenidos

2.1 Estructura de la Norma.

2.2 División del Modelo de Calidad

ISO/IEC 25000, se la conoce como AQuaRe por sus siglas en inglés (System and Software Quality Requirements and Evaluation), Esta norma tiene como objetivo la evaluación de un único marco de trabajo para el proceso de evaluación de calidad del software.

"La norma ISO/IEC 25000 es el resultado de la evolución e implementación de normas anteriores, especialmente de las normas ISO/IEC 9126, que describe las particularidades de un modelo de calidad del producto software, e ISO/IEC 14598, que abordaba el proceso de evaluación de productos software."Fuente especificada no válida.

División de la norma ISO/IEC 25000.

Fuente:https://iso25000.com/index.php/normasiso25000?limit=4&start=4

2.1   Estructura de la norma ISO/IEC 25000

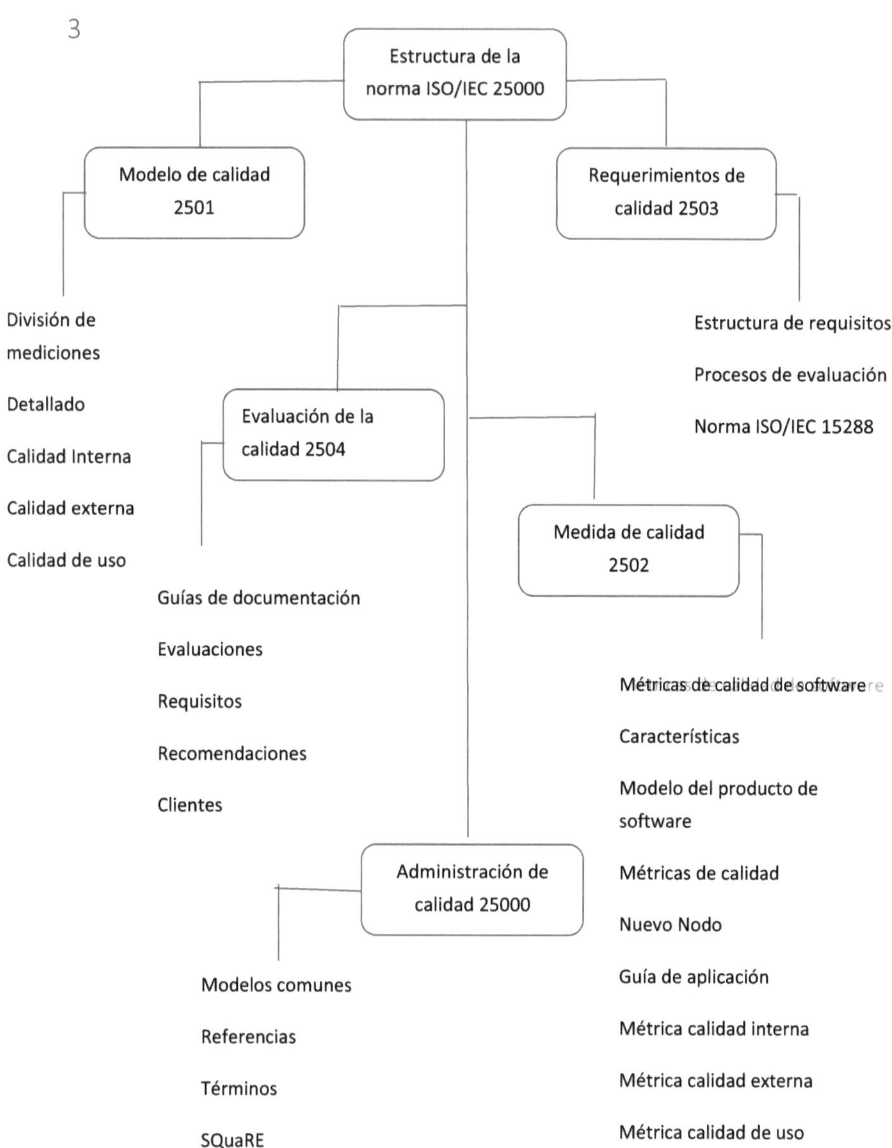

3.1 ISO/IEC 25000 División del modelo de calidad

La división de calidad incluye características internas y externas para la calidad de uso de un software. En la actualidad se encuentra formada por:

3.2 ISO/IEC 2502 división de la medida de calidad.

Estas normas hacen referencia a una medición de calidad del producto, están compuestas por:

(Measurement reference modeland guide) proporciona una guía para los usuarios desarrollen y apliquen medidas propuestas como normas ISO.

(Quality measure elements) Esta métrica no recomienda un conjunto de metricas como una base que pueden ser usadas a lo largo del ciclo de vida del software.

(Measurement of quality in use) define las metricas para la evaluación de calidad del software.

(Measurement of system and software product quality) define específicamente las metricas que serán utilizadas para la evaluación de calidad de un software.

ISO/IEC 25024

(Measurement of data quality): define las metricas para la medición de calidad de datos.

ISO/IEC 2503: División para los requisitos de Calidad.

Esta norma es la encargada de especificar los requisitos de calidad que pueden ser utilizados en un proyecto de software q estemos desarrollando, está compuesta por:

ISO/IEC 25030 (Quality requirements): esta norma provee un conjunto de recomendaciones para la especificacion de requisitos de un software

ISO/IEC 2504 División del modelo para la evaluación de la calidad.

Esta norma provee requisitos y recomendaciones necesarias para llevar a cabo el proceso de evaluación del producto de software, está formado por las siguientes normas.

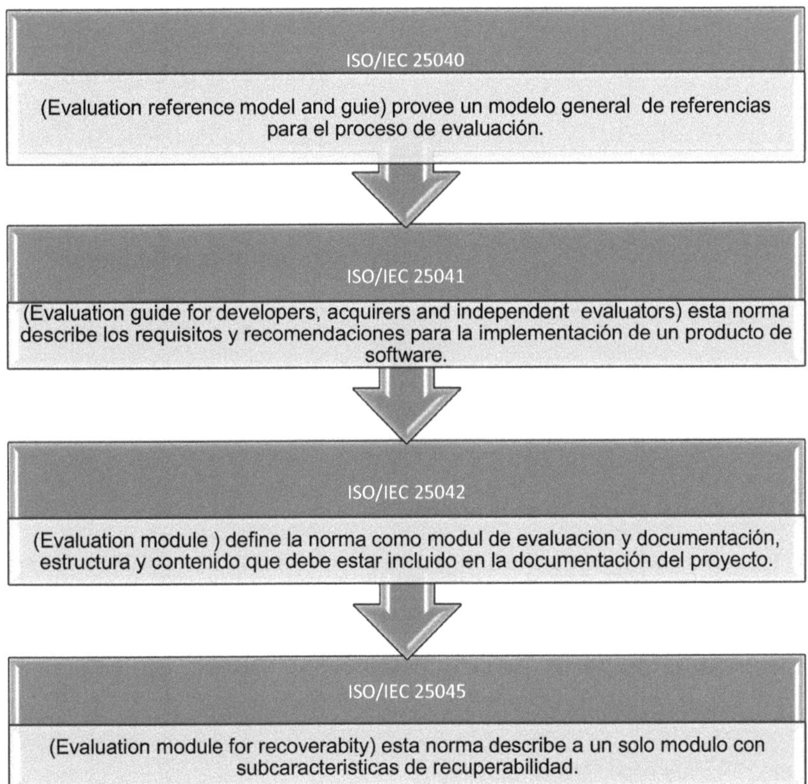

Procesos para llevar acabo la evaluación

La métrica ISO/IEC 25000 define el proceso de evaluación en 5 procesos los cuales son los siguientes:

Establecer el propósito de la evaluación

"En esta tarea se documenta el propósito por el que la organización quiere evaluar la calidad de su producto software (asegurar la calidad del producto, decidir si se acepta un producto, determinar la viabilidad del proyecto en desarrollo, comparar la calidad del producto con productos de la competencia, etc.)."Fuente especificada no válida..

El propósito la evaluación es documentar el propósito por el cual se requiere la evaluación de calidad del software para poder determinar la (Calidad del producto) y asegurar el desarrollo del mismo.

Obtener los requisitos de calidad producto.

"En esta tarea se identifican las partes interesadas en el producto software (desarrolladores, posibles adquirientes, usuarios, proveedores, etc.) y se especifican los requisitos de calidad del producto utilizando un determinado modelo de calidad."Fuente especificada no válida..

Para poder obtener los requisitos de la calidad del producto se procede identificar y especificar los requisitos de calidad guiándonos de acuerdo a la métrica que utilicemos, generalmente estos requisitos los estable los usuarios y desarrolladores encargados del software.

Identificar las partes del producto que se deben evaluar

"Se deben identificar y documentar las partes del producto software incluidas en la evaluación. El tipo de producto a evaluar (especificación de requisitos, diagramas de diseño, documentación de las pruebas, etc.) depende de la fase en el ciclo de vida en que se realiza la evaluación y del propósito de ésta."Fuente especificada no válida..

En el proceso de identificación del producto es muy importante ya que se debe documentar las partes de la evaluación y las correcciones que se generen en el trascurso del desarrollo del software, además de las posibles pruebas fallidas que se generen.

Definir el rigor de la evaluación

"Se debe definir el rigor de la evaluación en función del propósito y el uso previsto del producto software, basándose, por ejemplo, en aspectos como el riesgo para la seguridad, el riesgo económico o el riesgo ambiental. En función del rigor se podrá establecer qué técnicas se aplican y qué resultados se esperan de la evaluación."Fuente especificada no válida..

En el proceso de la definición del rigor de la evaluación es la evaluación de posibles riesgos de seguridad, riesgos económicos o ambientales en función de estos se procede a la aplicación de resultados esperados por la evaluación.

Norma ISO para la calidad de un producto de software

"En el año 1991 la ISO (International Organization for Standardization) publicó su modelo de calidad para la evaluación del producto de software (ISO 9126:1991), que fue extendiendo con revisiones hasta 2004, dando lugar a la actual norma ISO/IEC 9126 "Software Engineering. Product Quality". La norma ISO/IEC 9126 propone un conjunto de características, subcaracterísticas y atributos para descomponer la calidad de un producto de software. Propone seis propiedades (funcionalidad, fiabilidad, usabilidad, eficiencia, mantenibilidad y portabilidad)" que se dividen en Subcategorías, las cuales se detallaran más adelante"**Fuente especificada no válida.**.

Creación de la Norma de Calidad ISO/IEC 25000

Esta norma nace de las inconsistencias entre ISO9126 Eiso14598 en el año 2005

ISO 9126 Describe la calidad del Producto, fue creada en el año 1991 y actualizada en el 2001

ISO 14598 Describe la evaluación del producto de software, se creó en el año 1999 y fue actualizada en el año 2001

ISO 2500 (SQuare) Describe los requisitos y evaluación de la calidad de Productos de software, fue creada en el año 2005

Diferencias entre ISO 9126 y ISO 25000

Tenemos las principales diferencias entre estas dos métricas de calidad.

ISO/IEC 9126	ISO/IEC 25000
+ Funcionalidad	+ Adecuación Funcional
+ Fiabilidad	+ Seguridad
+ Usabilidad	+ Compatibilidad
+ Eficiencia	+ Fiabilidad
+ Mantenibilidad	+ Usabilidad
+ Portabilidad	+ Eficiencia de desempeño
	+ Mantebilidad
	+ Portabilidad

La Métrica ISO/IEC 25000, Define un ciclo de vida de calidad del producto software y está dividido en tres fases:

+ La fase de producto en desarrollo define la calidad interna.

+ La fase de producto en pruebas define la calidad externa.

+ La fase de producto en desarrollo define la calidad de uso

<table>
<tr><td>

Estructura de Las Métricas Internas.

- Aplica a un producto de software no ejecutable.
- Aplicación durante las etapas de su desarrollo.
- Permiten medir la calidad de los entregables intermedios.
- Permiten predecir a calidad del producto final.
- Permiten al usuario iniciar acciones correctivas temprano en el ciclo del desarrollo.

</td><td>

Estructura de Las Métricas Externas.

- Aplican a un producto de software ejecutable.
- Permiten medir la calidad del producto final.

</td></tr>
</table>

Métricas De Funcionabilidad.

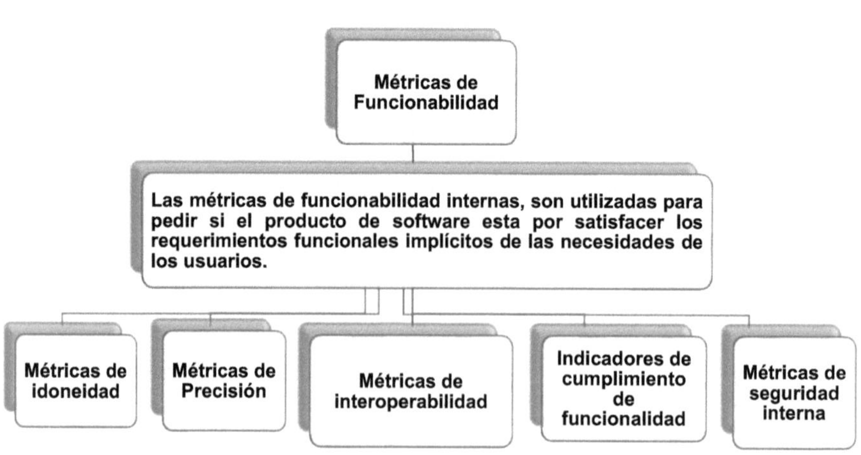

Métricas de Fiabilidad.

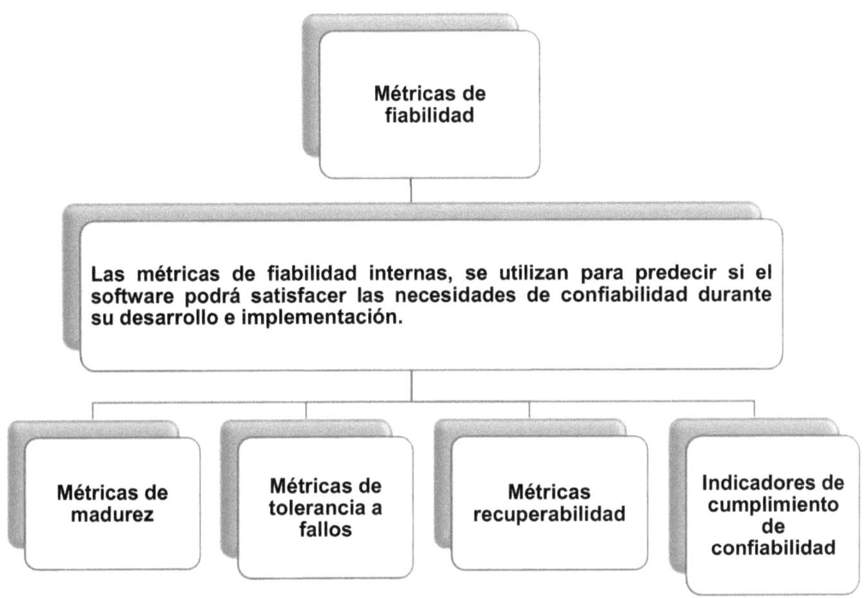

Métricas de Eficiencia

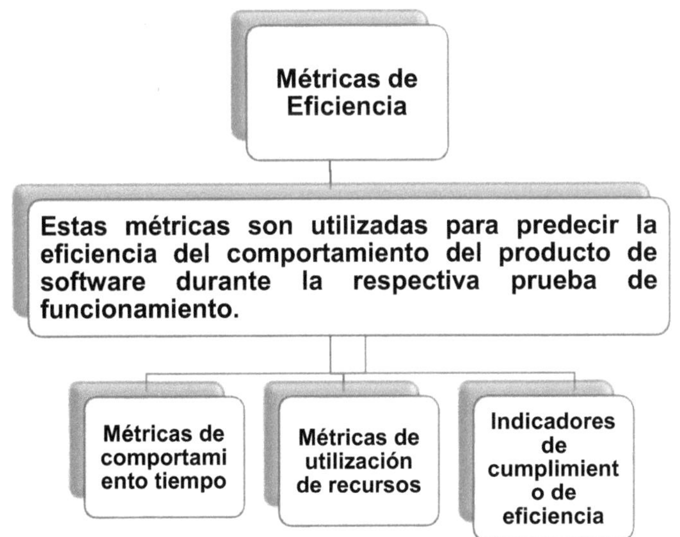

Cambios en las características de mantebilidad entre la norma ISO 25000

"Para la norma ISO 25010, las sub-características que componen la mantenibilidad son: analizabilidad, modificabilidad, capacidad de ser probado y reutilización. Hay dos subcaracterísticas nuevas: la reutilización y la modificabilidad.

La subcaracterística de modificabilidad combina dos subcaracterísticas de la norma ISO 9126: cambiabilidad y estabilidad. Y el cumplimiento de estándares, que es una subcaracterística en ISO 9126, está ahora fuera del alcance del modelo de calidad en ISO 25010"Fuente especificada no válida..

La norma ISO 25010 está compuesta por dos subcaracterísticas, la característica de modificabilidad combina la norma ISO 9126 debido al cumplimiento de estos estándares la subcaracterística ISO 9126 la cual se encuentra fuera de alcance del modelo de calidad en la ISO/IEC 25010.

Beneficios Métrica ISO/IEC 25000

+ Representa la calidad del software.
+ Planteo de necesidades o expectativas en calidad externa y calidad interna.
+ Permite una mayor eficiencia en la definición del software.
+ Plantea la evaluación de productos intermedias.
+ Mejora la calidad del producto.

- "Alinea los objetivos del software con las necesidades reales que se le demandan."**Fuente especificada no válida.**

- "Evitando ineficiencias y maximizando la rentabilidad y calidad del producto de software. Por otro lado, certificar el software aumenta la satisfacción del cliente y mejora la imagen de la empresa."**Fuente especificada no válida.**

- "Cumplir los requisitos contractuales y demostrar a los clientes que la calidad del software es primordial."**Fuente especificada no válida.**

- "El proceso de evaluaciones periódicas ayuda a supervisar continuamente el rendimiento y la mejora."**Fuente especificada no válida.**

Análisis Crítico:

Una de las ventajas de esta norma que está creada a base de otras que ya fueron probadas y resultaron ser eficientes en la producción de un sistema para una organización aplicar nomas como la ISO/IEC 25000 es de vital importancia ya que brinda probar la eficiencia de muchas de las características que debe de cumplir un software para ser productivo.

- "Al demostrar el compromiso de la organización con la calidad del software."**Fuente especificada no válida.**

Análisis Crítico:

Para el cliente encontrar un producto con todos los fines con los cuales lo solicito es de mucha satisfacción por ello esta norma garantiza a los clientes que la organización asume la responsabilidad a su trabajo a desarrollar por más mínimo que sea el proyecto.

- **Métrica ISO/IEC 2500:** Establece la calidad del producto del software y está compuesta por características de calidad, las mismas que están compuestas por subcaracterísticas, así se establecen las medidas de calidad del producto de software.

- **Métrica de Eficiencia:** esta métrica permite medir el comportamiento y la funcionabilidad del mismo sistema.

- **Métrica de Usabilidad:** Permite medir cuando el software puede ser entendido, aprendido, operativo y atraído.

- **División de Requisitos de Calidad:** estos requisitos ayudan a especificar la calidad y pueden ser utilizados en los requisitos de calidad del producto de software que se está implementando.

- **Selección de módulos de evaluación:** es esta tarea se seleccionan las métricas de calidad, técnicas y herramientas estas métricas permiten las comparaciones fiables con criterios que permitan tomar decisiones.

- **División de la gestión de calidad:** en la norma ISO/IEC 25000 se encuentra dividida en las siguientes métricas.

  - ISO/IEC 25010
  - ISO/IEC 25012

Métrica ISO/IEC 25000 Guía de desarrollo de software disponible en la página

web: https://www.ecured.cu/ISO/IEC_25000

Desarrollar las siguientes preguntas:

1. ¿Cuál es el beneficio de utilizar la métrica de Evaluación?

2. ¿Con que propósito se implementaron las métricas de calidad?

3. ¿Por qué son importantes las métricas de calidad?

4. ¿Cuál es la estructura de la métrica de calidad ISO/IEC 25000?

5. ¿En que aaño se implementa la primera métrica de calidad?

Del articulo analizado (Clasificación y evaluación de métricas de Mantebilidad Aplicables a Productos de Software Libre) escrito por "José M. Ruiz, Cristhian D. Pacifico, Martin M. Pérez" disponible en el siguiente enlace.

http://sedici.unlp.edu.ar/bitstream/handle/10915/61928/Documento_completo.pdf-PDFA.pdf?sequence=1

Desarrollar las siguientes preguntas:

1. ¿Cuál es la función de las métricas de calidad?

2. ¿Qué Benéficos puede tener al momento de aplicarla en el desarrollo de software?

3. ¿Cuál es la ventaja principal al utilizar la métrica ISO/IEC 25000?

Del articulo (La norma ISO/IEC 2500 y el proyecto KEMIS para automatización con software libre), escrito por "José Marcos, Alicia Arroyo, Javier Garzas,

Mario Piattini", disponible en el sitio web.

Desarrollar las siguientes preguntas:

1. ¿Especificar la norma ISO para la calidad de un producto de software?

2. ¿Cuáles son las métricas de productos y su medición con software libre?

3. ¿Defina la calidad de las métricas de calidad?

4. ¿Especifique los atributos de calidad?

5. Especifique la métrica de calidad 2503.

TALLER N° 1

Escriba el proceso para llevar a cabo l evaluación.

Escriba la Estructura que tiene las Métricas Internas.

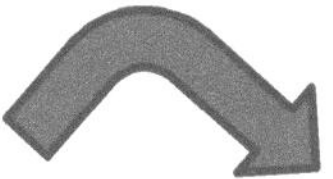

Permite al usuario iniciar
acciones correctivas
temprano en el ciclo del
desarrollo

Aplica a un producto
de software no
ejecutable

Permite predecir a
calidad del producto
final

Aplicación durante las
etapas de su desarrollo

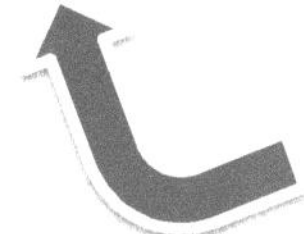

Permiten medir la
calidad de los
entregables
intermedios

TALLER N° 3

Encontrar en la siguiente sopa de letras del tema las palabras clave como son:

- Seguridad
- Fiabilidad
- Usabilidad
- Mantebilidad
- Compatibilidad

4	5	6	7	8	9	10	11	12	13	14	15	16	17	18	19	20	21	22	23	24
25	26	27	28	29	30	31	32	33	34	35	36	37	38	39	40	41	42	43	44	45
46	47	48	49	50	51	52	53	54	55	56	57	58	59	60	61	62	63	64	65	66
67	68	69	70	71	72	73	74	75	76	77	78	79	80	81	82	83	84	85	86	87
88	89	90	91	92	93	94	95	96	97	98	99	10	10	10	10	10	10	10	10	108
109	110	111	112	113	114	115	116	117	118	119	12	12	12	12	12	12	12	12	12	129
130	131	132	133	134	135	136	137	138	139	140	14	14	14	14	14	14	14	14	14	150
151	152	153	154	155	156	157	158	159	160	161	162	16	164	165	166	167	16	169	170	171
172	173	174	175	176	177	178	179	180	181	182	18	184	185	186	187	188	18	190	191	192
193	194	195	196	197	198	199	200	201	202	20	204	205	206	207	208	209	21	211	212	213
214	215	216	217	218	219	220	221	222	22	224	225	226	227	228	229	230	23	232	233	234
235	236	237	238	239	240	241	242	24	244	245	246	247	248	249	250	251	25	253	254	255
256	257	258	259	260	261	262	26	264	265	266	267	268	269	270	271	272	273	274	275	276
277	278	279	280	281	282	28	284	285	286	287	288	289	290	291	292	293	294	295	296	297
298	299	300	301	302	30	304	305	306	307	308	309	310	311	312	313	314	31	316	317	318
319	320	321	322	32	324	325	326	327	328	329	330	331	332	333	334	335	336	337	338	339
340	341	342	34	344	345	346	347	348	349	350	351	352	353	354	355	356	357	358	359	360
361	362	36	364	365	366	367	36	36	37	37	37	37	37	37	37	37	378	379	380	381
382	38	384	385	386	387	388	389	390	391	392	393	394	395	396	397	398	399	400	401	402
40	404	405	406	407	408	409	410	411	412	413	414	415	416	417	418	419	420	421	42	423
424	425	426	427	428	429	430	431	432	433	434	435	436	437	438	439	440	441	442	443	444

TALLER N° 4

Escriba los Beneficios de la métrica 25000.

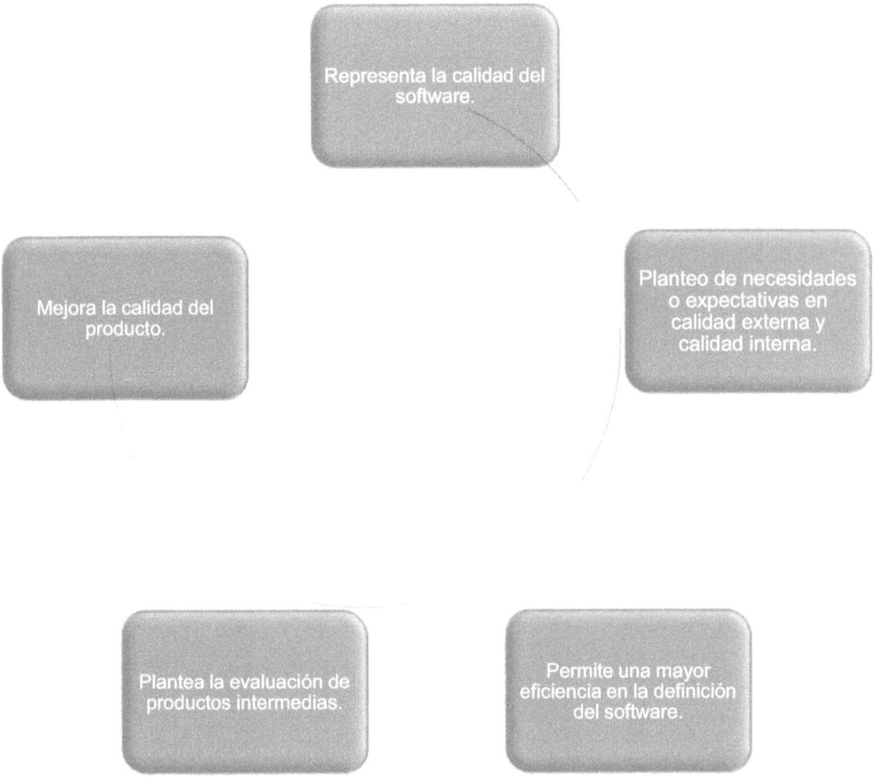

1	**FORMATO**	**SIMPLE**
	CONTEXTO	
	PLANTEAMIENTO	**La Norma ISO/IEC 25000 se la conoce Como:**
	OPCIÓN A	Se la conoce como AQuaRe (System and Software Quality Requirements and Evaluation).
	OPCIÓN B	Se la conoce de *como una métrica de software* que se está transportando a la nube.
	OPCIÓN C	Se la conoce como la métrica que describe la eficiencia del producto
	OPCIÓN D	Se la conoce como la métrica QuaRe (Qualitu Requirements)
	RESPUESTA CORRECTA	A
	NIVEL	1
	OPERACIÓN COGNITIVA	SIMPLE
2	**FORMATO**	**SIMPLE**
	CONTEXTO	
	PLANTEAMIENTO	**¿La norma ISO/IEC 25000 es el resultado de implementar que nomás?**

	OPCIÓN A	Se implementaron las normas anteriores sin especificar alguna
	OPCIÓN B	No se implementaron nomas
	OPCIÓN C	Se implementó solo la ISO/IEC 9126 y la ISO/IEC 14598
	OPCIÓN D	Se implementaron las normas anteriores a esta especialmente la ISO/IEC 9126 y la ISO/IEC 14598
	RESPUESTA CORRECTA	**D**
	NIVEL	**1**
	OPERACIÓN COGNITIVA	**SIMPLE**
3	**FORMATO**	**SIMPLE**
	CONTEXTO	
	PLANTEAMIENTO	**Cuál es la división del modelo de calidad de la métrica ISO/IEC 25000**
	OPCIÓN A	• ISO/IEC 25010.- (System and software quality models) Esta norma describe la calidad de uso de u determinado software • ISO/IEC 25012.- (Data Quality Model)

	tiene un modelo general para la calidad de datos en aplicación de un sistema de información.
OPCIÓN B	• ISO/IEC 25013.- (System and software quality models) Esta norma describe la calidad de uso de u determinado software • ISO/IEC 25012.- (Data Quality Model) tiene un modelo general para la calidad de datos en aplicación de un sistema de información.
OPCIÓN C	• ISO/IEC 25011.- (System and software quality models) Esta norma describe la calidad de uso de u determinado software • ISO/IEC 25015.- (Data Quality Model) tiene un modelo general para la calidad de datos en aplicación de un sistema de información.
OPCIÓN D	• ISO/IEC 25015.- (System and software quality models) Esta norma describe la calidad de uso de u determinado software • ISO/IEC 25006.- (Data Quality Model) tiene un modelo general para la calidad de datos en aplicación de un sistema de

		información.
	RESPUESTA CORRECTA	**A**
	NIVEL	**1**
	OPERACIÓN COGNITIVA	**SIMPLE**
4	**FORMATO**	**SIMPLE**
	CONTEXTO	
	PLANTEAMIENTO	**La siguiente definición corresponde a** "(System and software quality models) Esta norma describe la calidad de uso de u determinado software"
	OPCIÓN A	ISO/IEC 25016
	OPCIÓN B	ISO/IEC 25012
	OPCIÓN C	ISO/IEC 25006
	OPCIÓN D	ISO/IEC 25010
	RESPUESTA CORRECTA	**D**
	NIVEL	**1**
	OPERACIÓN COGNITIVA	**SIMPLE**

5	FORMATO	SIMPLE
	CONTEXTO	
	PLANTEAMIENTO	**En la ISO/IEC 2502 La división de la medida de calidad está compuesta por:**
	OPCIÓN A	<ul><li>ISO/IEC 25020.- (Measurement reference modeland guide) proporciona una guía para los usuarios desarrollen y apliquen medidas propuestas como normas ISO.</li><li>ISO/IEC 25021.- (Quality measure elements) Esta métrica no recomienda un conjunto de métricas como una base que pueden ser usadas a lo largo del ciclo de vida del software.</li><li>ISO/IEC 25023.- (Measurement of system and software product quality) define específicamente las métricas que serán utilizadas para la evaluación de calidad de un software.</li><li>ISO/IEC 25024.- (Measurement of data quality): define las métricas para la medición de calidad de datos</li></ul>
	OPCIÓN B	<ul><li>ISO/IEC 25020.- (Measurement reference modeland guide) proporciona una guía para los usuarios desarrollen y</li></ul>

	apliquen medidas propuestas como normas ISO. • ISO/IEC 25021.- (Quality measure elements) Esta métrica no recomienda un conjunto de métricas como una base que pueden ser usadas a lo largo del ciclo de vida del software. • ISO/IEC 25022.- (Measurement of quality in use) define las métricas para la evaluación de calidad del software • ISO/IEC 25023.- (Measurement of system and software product quality) define específicamente las métricas que serán utilizadas para la evaluación de calidad de un software.
OPCIÓN C	• ISO/IEC 25020.- (Measurement reference modeland guide) proporciona una guía para los usuarios desarrollen y apliquen medidas propuestas como normas ISO. • ISO/IEC 25021.- (Quality measure elements) Esta métrica no recomienda un conjunto de métricas como una base que pueden ser usadas a lo largo del ciclo de vida del software. • ISO/IEC 25022.- (Measurement of quality

		in use) define las métricas para la evaluación de calidad del software • ISO/IEC 25023.- (Measurement of system and software product quality) define específicamente las métricas que serán utilizadas para la evaluación de calidad de un software. • ISO/IEC 25024.- (Measurement of data quality): define las métricas para la medición de calidad de datos
OPCIÓN D		• ISO/IEC 25020.- (Measurement reference modeland guide) proporciona una guía para los usuarios desarrollen y apliquen medidas propuestas como normas ISO. • ISO/IEC 25023.- (Measurement of system and software product quality) define específicamente las métricas que serán utilizadas para la evaluación de calidad de un software. • ISO/IEC 25024.- (Measurement of data quality): define las métricas para la medición de calidad de datos
RESPUESTA CORRECTA		C

6	**NIVEL**	**1**
	OPERACIÓN COGNITIVA	**SIMPLE**
	FORMATO	**SIMPLE**
	CONTEXTO	
	PLANTEAMIENTO	**La siguiente definición corresponde a** "Esta norma es la encargada de especificar los requisitos de calidad que pueden ser utilizados en un proyecto de software q estemos desarrollando"
	OPCIÓN A	División para los requisitos de Calidad.(ISO/IEC 2503)
	OPCIÓN B	División para los requisitos de Calidad.(ISO/IEC 2523)
	OPCIÓN C	División del modelo para la evaluación de la calidad.(ISO/IEC 2504)
	OPCIÓN D	División del modelo para la evaluación de la calidad.(ISO/IEC 2544)
	RESPUESTA CORRECTA	**A**
	NIVEL	**1**

	OPERACIÓN COGNITIVA	**SIMPLE**
7	**FORMATO**	**SIMPLE**
	CONTEXTO	
	PLANTEAMIENTO	**La siguiente definición corresponde a** "Esta norma provee requisitos y recomendaciones necesarias para llevar a cabo el proceso de evaluación del producto de software"
	OPCIÓN A	División para los requisitos de Calidad.(ISO/IEC 2503)
	OPCIÓN B	División para los requisitos de Calidad.(ISO/IEC 2523)
	OPCIÓN C	División del modelo para la evaluación de la calidad.(ISO/IEC 2504)
	OPCIÓN D	División del modelo para la evaluación de la calidad.(ISO/IEC 2544)
	RESPUESTA CORRECTA	**C**
	NIVEL	**1**
	OPERACIÓN COGNITIVA	**SIMPLE**

8	FORMATO	SIMPLE
	CONTEXTO	
	PLANTEAMIENTO	**En la ISO/IEC 2504 La división del modelo para la evaluación de la calidad está compuesta por:**
	OPCIÓN A	• ISO/IEC 25040.- (Evaluation reference model and guie) provee un modelo general de referencias para el proceso de evaluación. • ISO/IEC 25041.- (Evaluation guide for developers, acquirers and independent evaluators) esta norma describe los requisitos y recomendaciones para la implementación de un producto de software. • ISO/IEC 25043.- (Evaluation module) define la norma como módulo de evaluación y documentación, estructura y contenido que debe estar incluido en la documentación del proyecto. • ISO/IEC 25044.- (Evaluation module for recoverabity) esta norma describe a un solo modulo con subcaracterísticas de recuperabilidad.

OPCIÓN B	<ul><li>ISO/IEC 25041.- (Evaluation guide for developers, acquirers and independent evaluators) esta norma describe los requisitos y recomendaciones para la implementación de un producto de software.</li><li>ISO/IEC 25042.- (Evaluation module) define la norma como módulo de evaluación y documentación, estructura y contenido que debe estar incluido en la documentación del proyecto.</li><li>ISO/IEC 25045.- (Evaluation module for recoverabity) esta norma describe a un solo modulo con subcaracterísticas de recuperabilidad.</li></ul>
OPCIÓN C	<ul><li>ISO/IEC 25040.- (Evaluation reference model and guie) provee un modelo general de referencias para el proceso de evaluación.</li><li>ISO/IEC 25041.- (Evaluation guide for developers, acquirers and independent evaluators) esta norma describe los requisitos y recomendaciones para la implementación de un producto de software.</li><li>ISO/IEC 25042.- (Evaluation module)</li></ul>

NIVEL		define la norma como módulo de evaluación y documentación, estructura y contenido que debe estar incluido en la documentación del proyecto. • ISO/IEC 25044.- (Evaluation module for recoverabity) esta norma describe a un solo modulo con subcaracterísticas de recuperabilidad.
OPCIÓN D		• ISO/IEC 25040.- (Evaluation reference model and guie) provee un modelo general de referencias para el proceso de evaluación. • ISO/IEC 25041.- (Evaluation guide for developers, acquirers and independent evaluators) esta norma describe los requisitos y recomendaciones para la implementación de un producto de software. • ISO/IEC 25045.- (Evaluation module for recoverabity) esta norma describe a un solo modulo con subcaracterísticas de recuperabilidad.
RESPUESTA CORRECTA		C
NIVEL		1

	OPERACIÓN COGNITIVA	**SIMPLE**
9	**FORMATO**	**SIMPLE**
	CONTEXTO	
	PLANTEAMIENTO	**Cuál es el proceso de seguir dentro de la norma ISO/IEC 25000 para llevar a cabo la evaluación**
	OPCIÓN A	1. Establecer los requisitos de la evaluación 2. Diseñar la evaluación 3. Especificar la evaluación 4. Ejecutar la evaluación 5. Concluir la evaluación
	OPCIÓN B	1. Establecer los requisitos de la evaluación 2. Especificar la evaluación 3. Diseñar la evaluación 4. Ejecutar la evaluación 5. Concluir la evaluación
	OPCIÓN C	1. Establecer los requisitos de la evaluación 2. Especificar la evaluación 3. Diseñar la evaluación 4. Ejecutar la evaluación
	OPCIÓN D	1. Establecer los requisitos de la evaluación 2. Diseñar la evaluación 3. Especificar la evaluación 4. Ejecutar la evaluación

	RESPUESTA CORRECTA	**B**
	NIVEL	**1**
	OPERACIÓN COGNITIVA	**SIMPLE**
10	**FORMATO**	**SIMPLE**
	CONTEXTO	
	PLANTEAMIENTO	**Al establecer el propósito de la evaluación que se crea.**
	OPCIÓN A	Se crea un documento el cual contiene el propósito por el que la organización quiere evaluar la calidad de su producto software (asegurar la calidad del producto, decidir si se acepta un producto, determinar la viabilidad del proyecto en desarrollo, comparar la calidad del producto con productos de la competencia, etc.).
	OPCIÓN B	Se crea un documento el cual contiene el propósito por el que la organización quiere evaluar la fiabilidad de su producto software
	OPCIÓN C	Se crea un documento el cual contiene el propósito por el que la organización quiere evaluar la usabilidad de su producto software

OPCIÓN D	Se crea un documento el cual contiene el propósito por el que la organización quiere evaluar la eficiencia de su producto software
RESPUESTA CORRECTA	A
NIVEL	1
OPERACIÓN COGNITIVA	SIMPLE

1. A) Se la conoce como AQuaRe (System and Software Quality Requirements and Evaluation).

2. D) Se implementaron las normas anteriores a esta especialmente la ISO/IEC 9126 y la ISO/IEC 14598

3. A)

   o ISO/IEC 25010.- (System and software quality models) Esta norma describe la calidad de uso de u determinado software.

   o ISO/IEC 25012.- (Data Quality Model) tiene un modelo general para la calidad de datos en aplicación de un sistema de información.

4. D) ISO/IEC 25006

5. C)

   o ISO/IEC 25020.- (Measurement reference modeland guide) proporciona una guía para los usuarios desarrollen y apliquen medidas propuestas como normas ISO.

   o ISO/IEC 25021.- (Quality measure elements) Esta métrica no recomienda un conjunto de métricas como una base que pueden ser usadas a lo largo del ciclo de vida del software.

   o ISO/IEC 25022.- (Measurement of quality in use) define las métricas para la evaluación de calidad del software

   o ISO/IEC 25023.- (Measurement of system and software product quality) define específicamente las métricas que serán utilizadas para la evaluación de calidad de un software.

   o ISO/IEC 25024.- (Measurement of data quality): define las métricas para la medición de calidad de datos

6. A) División para los requisitos de Calidad. (ISO/IEC 2503)

7. C) División del modelo para la evaluación de la calidad. (ISO/IEC 2504)

8. C)

   - ISO/IEC 25040.- (Evaluation reference model and guie) provee un modelo general de referencias para el proceso de evaluación.

   - ISO/IEC 25041.- (Evaluation guide for developers, acquirers and independent evaluators) esta norma describe los requisitos y recomendaciones para la implementación de un producto de software.

   - ISO/IEC 25042.- (Evaluation module) define la norma como módulo de evaluación y documentación, estructura y contenido que debe estar incluido en la documentación del proyecto.

   - ISO/IEC 25044.- (Evaluation module for recoverabity) esta norma describe a un solo modulo con subcaracterísticas de recuperabilidad.

9. B)

   a. Establecer los requisitos de la evaluación

   b. Especificar la evaluación

   c. Diseñar la evaluación

   d. Ejecutar la evaluación

   e. Concluir la evaluación

10. A) Se crea un documento el cual contiene el propósito por el que la organización quiere evaluar la calidad de su producto software (asegurar la calidad del producto, decidir si se acepta un producto, determinar la viabilidad del proyecto en desarrollo, comparar la calidad del producto con productos de la competencia, etc.).

Métrica 14598.

Competencias

Identificar las características básicas de la Métrica 14598 dentro de lo que interviene en la Ingeniería de Software.

Reconoce los parámetros que ofrecen las métricas como guía para un excelente proyecto de software.

Uso de las métricas en proyectos de Ingeniería de Software.

Cuando haya leído esta unidad los **resultados de aprendizaje**:

Identificar las características de la métrica 14598 que se emplean en los diferentes proyectos de software.

Identificas los procesos que se dan y el beneficio de la aplicación de la métrica.

Contenidos

1.1 Investigación de Temas de Métrica 14598.

1.2 Características de Métrica 14598

En la actualidad muchos desarrolladores de software se han visto en la necesidad de controlar y evaluar el ciclo de vida del desarrollo del software, dada esta necesidad se implementaron las métricas en el proceso de elaboración de un software, las métricas son parte fundamental debido a que nos brindan ciertos parámetros o características que nos ayudan para la evaluación de la calidad como eficiencia de un software.

Actualmente existen muchas métricas que nos comparar procesos o productos de software para evaluar la calidad, eficiencia y diseño de un producto, las métricas se las puede separar según el tamaño del software, eficiencia y calidad. A Continuación, describiremos las funcionalidades y beneficios que posee la métrica 14598 en el ámbito de evaluación de producto de software.

3 Métrica 14598

La norma 14598, surge de la familia de normas ISO/EC 9126 surgió como la respuesta de la necesidad de definir un conjunto de características que tuviesen en consideración el propósito y uso del software y que permitiesen establecer un modelo valido para su posterior evaluación.

Actualmente, la familia está formada por una norma que contiene dos partes:

3.1 Parte 1

Tres informes técnicos:

Estos informes deben ser de cada proceso a evaluarse, de cada posible solución a los posibles problemas que hayan salido u obtenido de la evaluación aplicada en el desarrollo del sistema.

3.2 Parte 2

Lo que da la idea, de la novedad:

En esta parte se trata, de la idea que nos ayudara a resolver el problema planteado por la persona que nos encarga realizar un sistema, esta idea se ve reflejada en casi todo el proceso por eso este proceso debe ser evaluado, para ver si la idea de solución no se ha distorsionado, si no nos hemos salido de lo establecido en los requisitos o si la persona encargada no está a gusto con lo que le enseñamos, aquí el motivo por el cual se debe aplicar dicha métrica.

La importancia de esta temática:

Como ya lo hemos resaltado anteriormente la importancia de esta temática es encontrar si existe alguna posible falla o des perfeccionamiento en la idea principal del sistema.**Fuente especificada no válida.**

Esta parte nos explica de que la métrica 14598, pertenece a una familia de ISO/IEC, por lo que ha sido bien analizada y explicada su propósito, ya que pertenece a un algo y no es un todo rustico si no bien definido esta métrica nos sirve en el momento de evaluar un software, con todos los parámetros de calidad y dependiendo del software que se esté evaluando y el área hacia donde está dirigido, cumpliendo con todos los estándares de aprobación del sistema.

Descripción del contenido de las partes que conforma la familia de las normas ISO/EC 9126 en la cual está inmersa la norma 14598.

La parte (1): La única con carácter normativo hasta el momento, nos describe un modelo de calidad para el producto software, dividido en dos grandes bloques:

La norma o métrica 14598 consta de las siguientes partes, y tiene como título general Tecnología de la Información – Evaluación del Producto del Software:

Parte 1: Revisión General (ISO/IEC 14598-1)

Parte 2: Planificación y Administración (ISO/IEC 14598-2)

Parte 3: Proceso para Desarrolladores (ISO/IEC 14598-3)

Parte 4. Proceso para Adquisidores (ISO/IEC 14598-4)

Parte 5: Proceso para Evaluadores (ISO/IEC 14598-5)

Parte 6: Documentación de Módulos de Evaluación (ISO/IEC 14598-6)

3.3 Revisión General (14598-1).

Los procesos de Evaluación no solamente están involucrados en la evaluación de la calidad del producto del software, también aumentan la eficiencia de costos y tiempo, la posibilidad en el término de recursos tanto humanos como monetarios, confianza y satisfacción del cliente.

Todo proceso de evaluación de calidad del software deberá partir de una evaluación cualitativa es decir comprenderá los atributos y cualidades del software y si cumplen o no con los requisitos y estándares óptimos para brindar a un usuario.

Esta métrica 14598 establece 3 procesos dentro de la evaluación de calidad del software y son:

- Proceso de Desarrolladores.
- Proceso de Adquisidores
- Proceso de Evaluadores

3.3.1 Proceso de Desarrolladores

La norma ISO 14598 son generalmente usadas por organizaciones que se dedican al desarrollo de productos de software o a las mejoras de un producto ya elaborado, este proceso de evaluación se hace empleando todos los procesos técnicos establecidos. Se centra en aquellos indicadores que pueden predecir la calidad del producto final, este proceso se da mediante la medición de los indicadores de las etapas o procesos intermedios del ciclo de vida del software.

Provee una guía para clarificar los requisitos de calidad para llevar a cabo la implementación y análisis de las medidas de la calidad de software.

Es aplicable en todas las fases del ciclo de vida de desarrollo. En si la norma está enfocada en la selección y reporte de algunos indicadores de evaluación para poder predecir la calidad del producto final por medio de la medición de la calidad de productos intermedios.

3.3.2 Proceso de Adquisidores

Dentro de la norma 14598 también interviene el proceso de adquisidores debe usarse también por las organizaciones o empresas constituidas que se dediquen a la elaboración de software o a su vez a la mejora de un determinado software ya constituido.

Puede aplicarse para tomar la decisión sobre la aceptación o satisfacción del usuario sobre un producto ya concluido, para a su vez proceder con un proceso de selección del mejor producto entre varios existentes.

El estándar ISO/IEC 14598 clasifica a los productos de software en tres grupos:

- Productos de software comerciales
- Productos de software existentes desarrollados o adquiridos por otras organizaciones.
- Productos de software personalizados (Software a medida) o productos de software existentes modificados.

3.3.3 Proceso de Evaluación

La norma 14598 debe usarse por los evaluadores que lleven a cabo una calificación o valoración independiente de un producto de software. Este proceso de valoración o evaluación se puede realizar en algunos casos por peticiones o sugerencia de un desarrollador, adquisidor u otros.

El proceso de evaluación según la norma 14598 consta de cuatro fases que son:

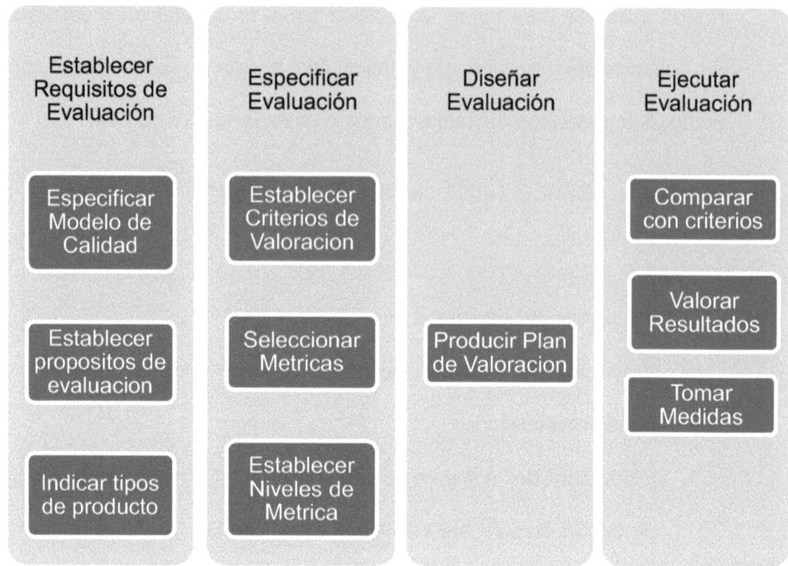

El estándar se puede usar para:

Evaluar productos existentes

Evaluar Productos en desarrollo (es entes caso, el proceso de evaluación debe sincronizarse con el de desarrollo)

3.4   Características Proceso de Evaluación ISO/IEC 14598

Las características pertenecientes al proceso de evaluación son las siguientes:

- Repetible

- Reproducible

- Imparcial

- Objetiva

3.4.1 Repetible

La evaluación del mismo producto de software con la misma especificación de la evaluación y realizado por un auto evaluador diferente debe producir resultados que pueden aceptarse como idénticos.

3.4.2 Reproducible

La evaluación del mismo producto de software con la misma especificación de la evaluación y realizado por un respectivo evaluador diferente debe dar como resultado de este proceso que pueden aceptarse como idénticos.

3.4.3 Imparcial

La evaluación respectiva no solamente debe enfocarse hacia cualquier resultado en particular, sino que puede envolverse en diferentes resultados esto con el fin de poder obtener mejoras en la calidad del desarrollo del producto de software.

3.4.4 Objetiva

Los resultados presentados en el proceso de evaluación deben ser verídicos y comprobados para evitar inconvenientes, citando un ejemplo no influenciado por los sentimientos o las opiniones del evaluador, sino más bien trabajar ética y moralmente.

El proceso de evaluación según el estándar ISO/IEC 14598 comprende de cinco subprocesos.

- Establecimiento de los requisitos de evaluación.

- Especificación de la evaluación

- Diseño de la Evaluación

- Ejecución de la Evaluación

- Conclusión de la Evaluación

3.6 **Establecimiento de Requisitos**

Como finalidad es describir la meta y objetivos de la evaluación. Dichas metas se relacionan con el uso del producto de software en consideración también de uno o varios puntos de vista de usuario o cliente y los riesgos que pueden estar asociados esto hace mención a que los requisitos de evaluación pueden realmente enfocarse a niveles de evaluación para las mismas características o requisitos seleccionados.

Entradas	Fase de Evaluación	Tareas Claves	Salidas
Descripción del producto, módulos del producto	Establecer requisitos de la evaluación	Establecimiento de los requisitos de evaluación	Requisitos de la evaluación: describen los objetivos de la evaluación, en particular, describe requisitos de calidad para el producto
Requisitos de la evaluación, descripción del producto, especificaciones predefinidas de la evaluación	Especificación de la evaluación	Especificación de la evaluación basada en los requisitos de evaluación y en la descripción del producto de software proveído por el solicitante	La especificación de la evaluación define todo el análisis y medidas a realizar en el producto y en sus componentes

Especificación de la evaluación, descripción del producto métodos de evaluación	Diseño de la evaluación	Diseño de la evaluación produce un plan de evaluación en base a la especificación de la evaluación, esta actividad toma en consideración todos los componentes del producto del software a ser evaluados	El plan de la evaluación enfoca procedimientos operacionales que se dan el proceso de especificación de la evaluación; en particular describen todos los métodos y herramientas a usarse en la evaluación
Plan de evaluación, herramientas de evaluación, componentes del producto	Ejecución de la evaluación	Ejecución del plan de evaluación consiste de la inspección, modelamiento. Medición y pruebas del producto y sus componentes conforme al plan de evaluación, estas	Los registros de la evaluación se fundamentan del plan de evaluación, llevando una cuenta del detalle de acciones realizadas por el

| | | actividades pueden ser realizadas usando herramientas de software, las acciones realizadas por el evaluador son registradas y los resultados son obtenidos son puestos en el borrador del informe de evaluación | evaluador, en cuanto se ejecuta el plan de la evaluación; estos archivos son guardados o almacenados por el evaluador. El borrador que se establece en esta sección del informe de la evaluación llevada a cabo por los evaluadores es un documento producido resultado de la síntesis de los resultados de la evaluación |
| Borrador del plan de evaluación, componentes del | Conclusión de la evaluación | Conclusión de la evaluación que consiste en la | El informe de la evaluación va a contener |

producto		entrega del reporte de la evaluación del producto del software por parte del evaluador así como de sus componentes cuando estos han sido valoradas independientemente	requisitos de la evaluación, la especificación de las medidas y análisis realizados y cualquier otra información necesaria para poder repetir o reproducir la evaluación

3.8 Documentación de Módulos de Evaluación ISO/IEC 14598

En esta sección de la norma ISO/IEC 14598 se establece la estructura y el volumen de la documentación de un módulo de evaluación, esto quiere decir en este caso que es un formato para la documentación de un módulo que va a llevar a cabo una evaluación

Los módulos de evaluación son usados dentro del contexto de las normas ISO/IEC 9126 e ISO/IEC 14598.

Este es un paquete de tecnología de la evaluación para establecer mediciones de características de la calidad del software, subcaracterísticas o atributos.

Este mencionado paquete contiene:

- Métodos y técnicas de evaluación

- Entradas para la evaluación

- Recolección de datos a ser medidos

- Procedimientos y herramientas de soporte.

3.8.2 Instrucciones de Evaluación ISO/IEC 14598

Este proceso describe detalladamente el procedimiento a seguir. Esto debe también incluir lo que es la selección de evidencia obtenida por el grupo de evaluadores, citando un ejemplo el código de prueba la generación y grabado de datos puros, reglas, algoritmos computacionales para métricas de datos puros, la grabación de resultados y requisitos para la retención de trabajo y documentación final.

3.9 Mapeo de Medidas ISO/IEC 14598

Este ítem define el significado de las medidas, esto quiere decir la interpretación de los resultados de las medidas obtenidas. Esto incluye también lo que corresponde una escala de evaluación en que los valores obtenidos son mapeados por métricas definidas. Si varias medidas se obtienen por una sola característica, sub característica o atributo entonces se debe definir como estas pueden combinarse en puntuaciones para características, subcaracterísticas o atributos dentro del producto de software a ser evaluado.

3.10 Formato para la Documentación ISO/IEC 14598

3.10.1 Prologo e Introducción

3.10.1.1   Prologo

Proporcionará la información acerca de:

- Preparación, aprobación, contribuciones y cambios.
- Relación con otras normas u otros documentos.

3.10.1.2   Introducción

Es un preámbulo o inicio de las técnicas prioritarias bajo los módulos de evaluación.

3.10.2 Alcance

Identifica características, subcaracterísticas o atributos para que un módulo de evaluación pueda ser evaluado. El modelo de Calidad de la Norma ISO/IEC 9126-1 deberá ser usado en lo que corresponde a esta cláusula.

Esta sección se debe describir y especificar el nivel d evaluación que se tomara como de referencia en un módulo de evaluación.

Describe las técnicas de evaluación aplicadas para un módulo de evaluación. Citando como ejemplo los modelos de crecimiento en lo que corresponde a la fiabilidad, pues de benchmark, análisis estadístico de código.

Identifica el alcance de la evaluación del módulo de evaluación dentro de lo que es un producto de software, citando un ejemplo el módulo de evaluación se puede llevar a cabo a un lenguaje de programación en particular.

3.10.3 Referencias

Esta sección tiene como parte fundamental proporcionar referencias de normas y documentos técnicos, si el módulo de evaluación del software depende de otros módulos se lo debe establecer aquí.

3.10.4 Términos y Definiciones

En esta sección se debe establecer los que corresponde a términos y condiciones establecidas dentro de un módulo que se le está evaluando.

3.11 Relación entre Estándares ISO/IEC 14598 y ISO /IEC 9126

Estas dos métricas tienen establecidos varios estándares en los cuales comparten criterios y características, partiendo desde la óptica del proceso de evaluación se basa en un modelo de calidad seleccionado, el estándar ISO/IEC 14598 que quiere decir proceso de evaluación, utiliza el modelo de calidad definido en la norma ISO/IEC 9126 (modelo de calidad) y para realizar la valoración de las características, subcaracterísticas y atributos que se dan a un proceso de selección de métricas determinadas en la segunda y tercera parte de la métrica ISO/IEC 9126.

Comparten un proceso de relación también en lo que corresponde a los recursos y el entorno que determina el proceso de evaluación del producto, este proceso de evaluación ya sea para desarrolladores, adquisidores o evaluadores que se realiza el producto del software, este proceso esta verificado en el modelo de calidad 9126-1 y la valoración se la realiza en base a las métricas internas y externas definidas en la ISO/IEC 9126-2 e ISO/IEC 9126-3 respectivamente. Concluyendo con el proceso de evaluación puede ser realizado a productos que están llevando a cabo en el mismo momento de manera que se tendrá que sustentar en el modelo de calidad seleccionado y se utilizara para la valoración de las métricas de calidad en un uso ISO 9126/4

3.12 Calidad Interna y Externa: describe seis características

3.12.1 Funcionalidad

Este punto se trata del grado en que el software satisface las necesidades indicadas por la siguiente lista de atributos:

- **Idoneidad:**

Como idoneidad denominamos la cualidad de idóneo. Como tal, se refiere a la aptitud, buena disposición o capacidad que algo o alguien tiene para un fin determinado.

- **Corrección:**

Modificación que se hace de una cosa o una persona para corregir sus faltas, errores, defectos o imperfecciones.

- **Conformidad:**

Consentimiento o autorización escrita o verbal.

- **Seguridad:**

Ausencia de peligro o riesgo.

- **Fiabilidad:**

Probabilidad positiva de que un sistema o aparato cumpla con una determinada función bajo ciertas condiciones durante un tiempo determinado.

- **Usabilidad:**

Cualidad del programa que son sencillos de usar y que facilitan su entendimiento.

- **Eficiencia:**

Capacidad para realizar o cumplir adecuadamente una función.

- **Mantenibilidad:**

Es la propiedad de un sistema que representa la cantidad de esfuerzo, para conservar su función normal o sustituirlo.

- **Portabilidad:**

Propiedad que le permite ser ejecutado en diferentes plataformas y sistemas operativos.

Todas estas sub - características que se manifiestan externamente durante la utilización del software como parte de un sistema. Son el resultado de los atributos internos del software.

Como podemos observar las características de evaluación son 6, las cuales tiene muy bien definido la calidad, ya que consta de fiabilidad; esta parte nos dice que el producto será preciso, que no y tenga daños fallos, que se ha confiable, también está la fiabilidad, esto nos habla que nuestro producto o software será confiable en todas sus partes o módulos.

Entendiendo como el efecto combinado que percibe el usuario de las seis características anteriores. En esta ocasión, el modelo no se desarrolla a nivel de sub-características.

A modo de ejemplo y para concretar un poco más las ideas, citaremos que las características.**Fuente especificada no válida.**

"eficiencia", correspondiente al modelo de calidad interna y externa, se divide en las sub-características:

- Comportamiento temporal

- Utilización de recursos

- Conformidad

Análisis Crítico

Las tres características antes mencionadas, nos hablan que el sistema o producto será optimizado en todo su aspecto, para sí lograr en la evaluación de sistemas establecidos por la métrica obtener por parte del usuario una conformidad total del sistema.

El modelo de calidad sirve para evaluar la calidad del producto, tanto software como el software completo (software + hardware en el que está instalado). En concreto, debería servir como marco de trabajo a la hora de establecer los objetivos que queremos alcanzar, tanto en los productos finales como en los intermedios.**Fuente especificada no válida.**

La utilización es el proceso final ya del software, por lo que se establece evaluar absolutamente todo, para evaluar todos los objetivos que se ha alcanzado en el proceso de la vida del software.

3.13 Evaluación ISO/IEC 14598

La familia de normas ISO/ IEC 9126 (calidad en el producto de software) se ha elaborado a la par que la familia ISO/IEC 14598 (evaluación del producto de software). De hecho, ambas familias son el resultado de la ampliación de la primera versión de la ISO/IEC 9126:1991.**Fuente especificada no válida.**

Según la ISO 14598 determina la manera de evaluar un producto y ofrece los requisitos de la evaluación de su software.

3.14 Características de la métrica 14598

- 1.- Recurso – Apoyo de la evaluación

- 2.- Proceso – Apoyo de la evaluación

- 3.- Producto – Métricas Internas – Métricas Externas.

- 4.- Efecto – Métricas en uso.

La norma ISO/IEC 14598 recoge las siguientes etapas editoriales para su exposición documental:

Visión general (ISO/IEC): es la parte que resumen las cinco secciones siguientes y exponiendo el examen del producto editorial multimedia y el modelo de calidad referencia.

En esta sección se recogen los siguientes temas:

1.- Se recoge los requisitos de examinación.

2.- Pormenoriza el examen.

3.- Se realiza el plan de evaluación

Este marco de trabajo provee un panorama general de las otras 5 partes y relaciona la evaluación del producto de software y el modelo de calidad definido en la norma ISO 9126.

3.15 Planificación y Gestión ISO/IEC 14598

Aquí se planifica y se gestionan los siguientes actos:

1.- Punto de vista desde el que partirán.

2.- Objetivos.

3.- Seleccionar la tecnología que se utilizara.

4.- Repartir el trabajo a realizar.

5.- Examinar el software del producto.

En esta parte se da la planificación y gestión, contiene los requerimientos y las guías para las funciones de soporte tales como el planteamiento y gestión para la evaluación del producto del software.

3.16 Proceso Desarrolladores ISO/IEC 14598

En este punto destinado a los desarrolladores seguirán el siguiente proceso: realización, planteamiento, requisitos del software a realizar, se diseña el producto y se realiza.**Fuente especificada no válida.**

Este punto trata sobre el proceso de desarrolladores, esta parte provee los requerimientos y las recomendaciones para la evolución del producto del software cuando la evaluación es conducida en paralelo con el desarrollo y se lleva a cabo por el desarrollador.

3.17 Proceso Comparadores ISO/IEC 14598

Este paso corresponde los clientes que encargan el producto que siguen el siguiente proceso: requerimientos, definición de la evaluación, diseño de dicha evaluación para su posterior ejecución.**Fuente especificada no válida.**

Este punto, trata sobre el proceso para compradores que provee los requerimientos y las recomendaciones de evaluación del producto de software comercial personalizado o modificación de un producto existente, realizada para garantizar a los compradores si esta cumple los requisitos específicos.

3.18 Proceso Evaluadores ISO/IEC 14598

En este paso se evalúa la calidad del producto, los requerimientos y esquemas para el examen del software del producto editorial multimedia siguiendo el siguiente proceso: trazabilidad, resultados, problemas, mejoras y conclusiones.

Se refiere al proceso de evaluadores que son orientados o recomendados para la aplicación práctica de la evaluación del producto del software cuando las diversas partes intentan comprender, aceptar y confiar los resultados de la evaluación.

3.19 Módulo de Evaluación ISO/IEC 14598

El último paso es la realización del examen efectuando las mediciones del proceso creado en el paso anterior procediendo a su documentación siguiendo la estructura de los puntos anteriores con ese esquema:

1.- Introducción:

en el que se realiza un esquema del proceso de evaluación que se va a realizar.

2.- Alcance:

en el que se detalla la repercusión de las aplicaciones que se van a examinar en el software con respecto al soporte.

3.- Entradas:

aquí se recogen las pruebas a realizar.

4.- Resultados:

En este punto se expondrán las conclusiones a las que se ha llegado tras el examen.**Fuente especificada no válida..**

Este punto se trata, de la documentación de los módulos de evaluación, provee las guías para la documentación del mismo, estos módulos representan la especificación del modelo de la calidad de las correspondientes métricas internas y externas que serán aplicadas a una evaluación en particular incluye métodos y técnicas de valuación más las mediciones actuales resultantes de su aplicación.

Además de sus diferentes etapas, se establece un marco de trabajo para evaluar la calidad de los productos de software proporcionando, además de las métricas deberíamos saber si, hemos mantenido un orden al momento de desarrollar, y si en cada etapa del desarrollo se ha mantenido o se ha cumplido satisfactoriamente, dicha etapa y sobre todo saber si realmente el usuario sabe lo que quiere y si se ha podido terminar con cada aspecto que nos ha pedido el usuario.

La métrica posee de ciertos pasos a seguir, como lo son:

En primer lugar como en todo desarrollo de software se debe establecer los requisitos de evaluación en donde debemos identificar el propósito de la evaluación, con qué fin evaluamos cada aspecto que hemos estado evaluando, luego identificamos el tipo de producto que vamos a evaluar, para así especificar el modelo de calidad a emplear, también como ya hemos resaltado anteriormente debemos seleccionar la métrica más adecuada para este proceso de evaluación en este caso la métrica 14598, estableciendo las características de la misma, para así lograr tener bien en claro los criterios de la evaluación, luego ya teniendo todo aquello establecido debemos diseñar la evaluación adecuada a lo que vamos a evaluar si es un proceso o son algunos q conforman un módulo, para así en el momento de haber terminado o concluido la encuesta tengamos que tomar las decisiones adecuadas para cambiar para bien lo que tengamos que cambiar, compartiendo criterios, entre las personas que lleven el trabajo de la evaluación, para así no dejar pasar por alto alguna posible falla, y que luego de eso se deben, valorar los resultados, ya que en los próximos trabajos tendremos una guía de las posibles fallas que tengamos al momento de evaluar algún software parecido o como guía para evaluar otro tipo de software.

Además, debemos resaltar los que conforman la norma o están encargados de llevar la acabo en el momento de aplicar dicha métrica, los encargados son

- Desarrolladores

- Adquirentes

- Evaluadores

Los mencionados anteriormente, como ya los conocemos son lo que están inmerso las primeras etapas de un desarrollo de software, los adquirentes son el usuario o cliente, ya que ellos tienen la necesidad o problema, el cual quieren optimizar, luego sigue el desarrollador, el cual ejecuta dichos requerimientos y estos son evaluados, cabe la redundancia por los evaluadores.

Las actividades que realiza un desarrollador son las siguientes, en primer lugar, plantea los requisitos que se solicitan, esto son enviados o establecidos por el cliente, luego define la evaluación y orienta a la persona que está evaluando en las mejoras de los errores, gestionando así el resultado final. De este trabajo se obtiene el manejo ordenado, ya que todo se va detallando adecuadamente, la prevención de posibles modificaciones futuro, ose nos referimos a cuando el software este ya terminado y al cliente no le satisfaga alguna parte de él nos pida un tipo de cambios, llevando a reanalizar todo detenidamente, también se da el manejo de confidencialidad que solo los que desarrollan saben del sistema y la persona que lo sugerido y por último se debe tomar en cuenta el lugar en el cual va a trabajar el software, ya q no va hacer por nada del mundo al mismo lugar en el que se lo desarrollo, por lo que generalmente las personas no cuentan con un adecuado sistema en cuanto a computadoras.

Normas ISO/IEC 14598

En sus diferentes etapas, establece un marco de trabajo para evaluar la calidad de los productos de software proporcionando, además, métricas y requisitos para los procesos de evaluación de los mismos. Ya sea por partes, o módulos o completamente todo el sistema.

En particular, es utilizada para aplicar los conceptos descritos en la norma ISO/IEC 9126. Se definen y describen las actividades necesarias para las analizar los requisitos de evaluación, para especificar, diseñar y realizar acciones de evaluación y para concluir la evaluación de cualquier tipo de producto de software.

3.20 Características Norma ISO/IEC 14598

La norma define las principales características del proceso de evaluación:

1.- Repetitividad

2.- Reproducibilidad.

3.- Imparcial

4.- Objetividad

Para estas características se describen las medidas concretas que participan

1.- Análisis de los requisitos de evaluación:

en esta parte del sistema, se toman todas las demandas o peticiones de la persona que solicita la optimación de un problema o de una necesidad, como es cliente o usuario, que es el hace generan todo el proceso de desarrollo de un software.

2.- Evaluación de las especificaciones:

en esta parte se evalúan cada uno del aspecto, para que no haya ninguna irregularidad y no existan los cambios a último momento, llegan a tener algún desagrado por parte de la persona que nos encargó resolver el problema, también es recomendable llevar al cabo cada uno de estas actividades e informando a al usuario o cliente de los avances que se van dando día a día, para así evitar cualquier tipo de percances que se pueda presentar a la hora de entregar el producto, evitando el desagrado del cliente y el doble trabajo de las personas que se encargan de la creación del software.

3.- Evaluación del diseño y definición del plan de evaluación:

En este parte se trata de cómo vamos a evaluar algún proceso o modulo en general, que vamos a utilizar para ese software, para esa herramienta cual es la adecuada, y que si el proceso a evaluar va hacer lo correcto al momento de ser evaluado, esto se quiere que cada cosa o paso que se da, este bien y no presente algún problema más que retrasa el plazo establecido por el cliente o usuario, por eso se establece las normas en este caso la métrica 14598, que es una de las familias de la métrica 9126, que son las más adecuadas y las que estamos estudiando para la evaluación de un sistema.

4.- Ejecución del plan de evaluación:

En esta parte, cuando ya hayamos establecido las normas o la métrica de evaluación, procedemos a ejecutarla, tomando en cuenta los resultados de la parte que estamos evaluando, ya que es obvio que queremos observar y analizar si lo que estamos desarrollando está bien por lo que es muy importante ya que así comparamos los resultados con los requisitos de la persona que nos encargó el sistema, y si es posible debemos llevar un reporte y enseñarle a esa persona para que ella también vaya observando y este seguro de lo que va a recibir como producto final, ya que si ocurren fallos en la evaluación y se lo enseña a la persona que nos encargó el sistema es obvio que se va a generar cambios pero solo en la parte en donde estamos evaluando mas ya no cuando hayamos terminado todo el trabajo.

Así logramos resaltar en las cosas buenas para que sirve analizar lo que hacemos y que beneficios obtenemos con la evaluación que realizamos y a quien nos beneficiamos en la evaluación que aplicamos.

5.- Evaluación de la conclusión:

En este aspecto como anteriormente lo mencionamos, la evaluación de conclusiones es más bien la corrección de los errores encontrado en el proceso que estamos realizando al momento de evaluar dicha parte del sistema, esta conclusión a para hacer más precisos los resultados obtenidos es recomendable compartirlo con la persona que nos encargó la realización del sistema como ya anteriormente lo habíamos mencionado.

Ya que así evitamos un sin números de medicaciones al final del sistema, haciendo una tarea tediosa la implementación de dichas modificaciones.**Fuente especificada no válida.**

3.21 Servicios Norma ISO/IEC 14598

Los servicios relacionados con la evaluación de software de productos son generalmente adaptados a las medidas de los usuarios finales individuales o proveedores, en la función de por qué se pidió la evaluación.

Los servicios de evaluación de software incluyen:

1.- Definición de perfiles de calidad de referencia de software.

2.- Evaluación de acuerdo con los modelos de calidad predefinidos.

3.- Certificación de la calidad del software de acuerdo a los modelos de calidad y normas

4.- Las comparaciones entre productos.

5.- La reingeniería del software.

6.- Servicios de Monitores de calidad del producto.**Fuente especificada no válida.**

Modelo de evaluación de la calidad

1. ESTABLECER REQUISITOS DE LA EVALUACION

2. Establecer propósitos de la evaluación

3. Identificar los tipos de productos

4. Especificar el modelo de calidad

5. ESPECIFICAR LA EVALUACION

6. Seleccionar las métricas

7. Establecer niveles para las métricas

8. Establecer criterios de valoración

9. DISEÑAR LA EVALUACION

10. Producir plan de evaluación

11. EJECUTAR LA EVALAUCION

12. Tomar medidas

13. Comparar con criterios

14. Valorar resultados

El modelo de calidad es una serie de formularios que permiten gestionar toda la información relacionada con el modelo de calidad a utilizar en la evolución. En el primero de ellos se crea un modelo de calidad definiendo su nombre, una descripción y las características de calidad que lo componen.

El segundo formulario permite crear características de calidad que son incluidas en el modelo. En este se define el nombre, el tipo de característica al que pertenece, es decir, una clasificación dependiendo del contexto interno, externo o en uso donde se vaya a aplicar, una descripción y las sub-características de calidad están relacionadas con ella.

3.22 Definición de Evaluación

Este modelo constituido por dos formularios. El primero de ellos permite establecer los productos a ser evaluados. Dentro de los productos a avaluar se pueden elegir productos intermedios como los modelos de datos o productos finales como el archivo ejecutable.

El segundo formulario a su vez está dividido en dos partes. En la primera de ellas se establecen los requerimientos de la evaluación, en el cual se define el propósito, la audiencia, la intención el nombre del software, los objetivos de la evaluación y los responsables de esta cual se define la especificación de la evaluación, la cual se define el modelo de calidad, las características, las sub-características y las métricas que se van a evaluar para cada uno de los productos seleccionados. **Fuente especificada no válida.**

Los beneficios que ofrece la métrica en cuanto la evaluación del producto es la definición de calidad de referencia, evaluando los módulos del sistema predefinidos, dando una certificación de calidad de acuerdo a las normas de calidad, creando una comparación entre productos de ingeniería de software, teniendo un servicio de monitoreo de cálida del producto.

También debemos resaltar que no solo se beneficia el personal que lo está desarrollando si no también la persona encargada ya que así obtiene el sistema en el momento especifico y no pasa por inconvenientes innecesarios.**Fuente especificada no válida.**

Como ya hemos visto, de lo todo lo anterior antes ya investigado, esta métrica es una guía de evaluación, la cual cuenta con algunos requisitos que debe seguirse según el tipo de software que estemos evaluando, producidos por los estándares de la ISO/IEC 14598, estos estándares son usados por personas encargadas del mantenimiento de medir el acatamiento de los requisitos que se han dado, para ver si existen fallos y hacer sus respectivas mejoras ya que se evalúa, un algo, para obtener mejoras de ese algo, en este caso un sistema – software, el mismo que si en la evaluación, utilizando la métrica 14598, presenta algún inconsistencia en los datos o algún proceso está generando algún error, en su efecto todo ese modulo será cambiado o mejorado, ya que el programa debe estar echo por módulos, para así no tener que estar pasando el tiempo revisando todo el código, innecesariamente, con esto cabe resaltar que esta norma es muy útil ya que está ligada con el proceso de la ISO/IEC 9126, por lo que sus características en el proceso de evaluación son precisas y muy útiles como ya lo dijimos anteriormente para evaluar el proceso con el cual se está manejando el desarrollo del software, como lo son la repetitividad, en este punto se analiza y evalúa que algún proceso no esté generando algún tipo de duplicado que se ha repetido, presentando molestias al usuario, haciéndolo inseguro de lo que ha adquirido, luego tenemos la reproducibilidad, esta parte se enfoca a lo que el usuario nos ha pedido que realicemos si es lo correcto si cumple con lo establecido si se soluciona el problema planteado, imparcialidad, que algún dato que nos pida se ha único y preciso, y por último el de objetividad que como nombre lo dice que se ha objetivo y no esté siendo redundante en lo que se le pida al usuario. Cumpliendo con los estándares antes mencionados y desglosados, nos permite tener un grado de calidad del producto ya que si los aprueba, nos refleja que el sistema está apto y es útil en todo sus aspectos, cabe resaltar que también en esta norma se hacen trabajos de evaluación cuando el software ya está instalado en el respectivo ordenador para así ver si realmente presenta algún problema en la máquina que se va a ser utilizado finalmente, puesto que puede ser muy difieren la capacidad de respuesta en la máquina que se lo trabajo que en la máquina que se lo va a implementar, y puede genere algún tipo de improviso ocasionando algún tipo de desagrado e inconformidad con el usuario, de esta manera aumenta más la calidad de evaluación si cumple con todo estos requisitos, esto sirve también para dar le el valor o costo de dicho software.

En la evaluación del software hemos notado que es muy importante acatar los modelos y estándares, dichos modelos y estándares deben ser los más actualizados posibles , ya que deben estar actualizados para tener una evaluación de calidad, como hemos notado una evaluación de calidad no es más que evaluar el proceso por el cual el sistema está travesando y llegara a ser desarrollado y como lo dijimos hasta la misma instalación en la cual va a quedar en el ordenador final, hasta ese proceso se evalúa para observar si existe un error, una falla se ha en sistema o fuera de él, por existen ordenadores que los sistemas no se pueden instalar porque les falta un complemento o por que no cumplen con todo sobre la instalación así que se va depurando este tipo de fallas mediante la evaluación en la métrica 14598, debido a que detallan las características mediante las cuales no solo se hace la evaluación de la métrica sino también de métricas técnicas de calidad del software que son los indicadores. Es necesario también tener muy en cuenta las escalas de medición cualitativa y cuantitativa ya que se puede y se debe calificar las cualidades del software para así tener una mayor aceptación y cierto grado de satisfacción por que se ha cumplido con las características que se han recomendado, también se debe dar la evaluación de la parte cuantitativa ya que los gastos del software varían según las necesidades de uno con otro, y según las necesidades externas que se pueden presentar, estas dos características para evaluar son muy importantes en cuanto a la evaluación de calidad del producto o procesos.

Para tener en claro la calidad de software debemos tener en cuenta dos importantes conceptos:

Calidad:

Según la lengua rae, es la prioridad o conjunto de prioridades inherentes a algo, que permiten juzgar su valor.

Software:

Es un conjunto de programas, instrucciones y reglas informáticas que permiten ejecutar distintas tareas en una computadora. Entonces se así se define, la métrica 14598, que como ya sabemos define la evaluación del software como un modelo de calidad a un conjunto de características y la relación entre las mismas, que conforman la base para especificar requerimientos de calidad y evaluar la calidad.

Como pudimos observar los modelos de calidad ofrecen las normas y parámetros, los cuales son específicos para la creación de proyectos informáticos. La calidad del software es fundamental para una empresa y su evaluación se hace pertinente para que así se cumplan sus propósitos que se requieren lograr con la ayuda de esos productos de software.

Con esto podemos decir que cada modelo de evaluación de un software es importante y que todo modelo de calidad posee mediciones con sub-características.

3.24 Identificación de los tipos de Productos a ser evaluados

La identificación del producto es establecer el tipo de producto que se va a evaluar, si es Software Base citando un ejemplo puede ser Sistema

Operativo, puede ser también un software Utilitario citando un ejemplo alguna herramienta CASE o algún software de aplicación por ejemplo software de seguridad, este puede ser de tipo financiero o educacional.

Tipo de Producto de Software	Ejemplo
Software Base	Sistema Operativo
Software Utilitario	Herramienta Case
Software de Aplicación	Software Educacional

3.25 Diseñar la Evaluación

El plan de evaluación se describe los métodos de evaluación y el cronograma de accionar que va a tomar en cuenta el evaluador. El mismo puede que actué de una manera consistente con el plan de mediciones.

3.26 Planificación y Administración ISO/IEC 14598

En esta sección de la norma nos provee requisitos, recomendaciones o sugerencias y una guía para el departamento de soporte el cual es el encargado de la administración de la evaluación dentro del producto de software y de la tecnología necesaria para la evaluación del producto del software.

Actividades de Evaluación de Software:

SOFTWARE DESARROLLADO		SOFTWARE ADQUIRIDO	
Actividades de Desarrollo	**Actividades de Evaluación**	**Actividades de Adquisición**	**Actividades de Evaluación**
Los entregables dependen de la elección del ciclo de vida (Especificación de requisitos, especificación del diseño del sistema)	Evaluación de entregables específicos (salidas del proyecto) (Revisión del diseño del sistema)	Depende de la selección de los procesos de adquisición (Proceso de Proveedores)	Revisión de salidas específicas de los procesos de adquisición. Auditoria de los procesos de proveedores

Relación entre departamento de soporte y proyecto de evaluación

DEPARTAMENTO DE SOPORTE PROVEE	PROYECTO DE EVALUACION DESARROLLA
Nueva Tecnología	Experiencia del proyecto
Estándares nacionales e internacionales	Experiencia de evaluación
Especialización (consultoría)	Datos del proyecto
Entrenamiento	Experiencia con tecnología
Base de datos de la organización	Respuesta a la función de soporte
Soporte a proyectos de evaluación	

Cuando una empresa u organización desea planificar y llevar a cabo una evaluación del software se debe seguir los siguientes pasos:

- Definir los objetivos de la evaluación del software.
- Asegurar un plan de evaluación cuantitativo para todos los proyectos que se vayan a evaluar, este plan puede ser dividido en subplanes para poder establecer una óptima evaluación.

Las organizaciones o empresas pueden llevar a cabo las evaluaciones de software en base con lo siguiente:

- Asegurar que los resultados de la evaluación puedan ser verídicos y certificados.
- Asegurar una efectiva tecnología y las mejores prácticas de uso.
- Asegurar que las recomendaciones para futuras actividades de evaluación estén disponibles.

Bibliografía

[1] V. Rosales Morales, G. Alor Hernandez, J. L. Garcia Alcaraz, R. Zatarain Cabada y M. Barròn Estrada, «An analysis of tools for automatic software development and automatic code generation,» *Revista Facultad de Ingenieria Universidad de Antioquia,* vol. 77, 2015.

[2] M. Estayno, G. Dapozo, L. Cuenca y C. Greiner, «Modelos y Métricas para evaluar calidad de software.,» de *XI Workshop de Investigadores en Ciencias de la Computación*, 2009.

[3] R. S. Pressman, Ingeniería del Software: Un enfoque práctico, Sexta ed., Mexico: McGraw Hill, 2006.

[4] I. Sommerville, Ingeniería del Software, Septima ed., Mexico: Editorial Pearson, 2005.

[5] G. a. Ruiz, A. Peña y C. A. Castro, «Modelo de Evaluación de Calidad de SoftwareBasado en Lógica Difusa, Aplicada a Métricas deUsabilidad de Acuerdo con la Norma ISO/IEC 9126,» *Aavances en Sistemas e Informatica,* vol. 3, n° 2, pp. 25-29, 2006.

[6] L. Perurena y M. Móraguez, «Usabilidad de los sitios Web, los métodos y las técnicas para la evaluación,» *Revista Cubana de Información en Ciencias de la Salud.,* vol. 24, n° 2, pp. 176-194, 2013.

[7] M. A. Abud Figueroa, «Calidad en la Industria del Software. La Norma ISO-9126,» *revistaupiicsa,* 2012.

[8] C. A. Largo García y E. Marin Mazo, «Guia Tecnica para evaluacion de software.,» [En línea]. Available: https://jrvargas.files.wordpress.com/2009/03/guia_tecnica_para_evaluacion_de_software.pdf. [Último acceso: 27 Julio 2018].

[9] A. Holzinger, G. Searle y A. Nischelwitzer, «On Some Aspects of Improving Mobile Applications for the Elderly,» de *International Conference on Universal Access in Human-Computer Interaction*, 2007.

[10] R. Harrison, D. Flood y D. Duce, «Usability of mobile applications: literature review and rationale for a new usability model,» *Journal of Interaction Science,* vol. 1, n° 1, 2013.

[11] J. Enriquez y S. Casas, «Usabilidad en aplicaciones móviles,» *ICT-UNPA,* 2013.

Printed by Books on Demand GmbH, Norderstedt / Germany